MARCO POLO

Lanzarote

Reisen mit Insider Tipps

Diesen Reiseführer schrieb Sven Weniger. Der Autor und Journalist hat seit vielen Jahren seinen Zweitwohnsitz auf den Kanarischen Inseln.

www.marcopolo.de
Infos zu den beliebtesten Reisezielen im Internet, siehe auch Seite 97

MAIRS GEOGRAPHISCHER VERLAG

SYMBOLE

Insider Tipp **MARCO POLO INSIDER-TIPPS:**
Von unserem Autor für Sie entdeckt

★ **MARCO POLO HIGHLIGHTS:**
Alles, was Sie auf Lanzarote kennen sollten

HIER HABEN SIE EINE SCHÖNE AUSSICHT

WO SIE JUNGE LEUTE TREFFEN

PREISKATEGORIEN

Hotels/Apartments

€€€	ab 120 Euro
€€	70–120 Euro
€	bis 70 Euro

Die Preise gelten für zwei Personen im Doppelzimmer pro Nacht mit (Hotels) bzw. ohne Frühstück (Apartments).

Restaurants

€€€	ab 16 Euro
€€	11–16 Euro
€	bis 11 Euro

Die Preise gelten für eine durchschnittliche Mahlzeit mit Vorspeise und Hauptgericht. Getränke sind nicht inbegriffen.

KARTEN

[108 A1] Seitenzahlen und Koordinaten für den Reiseatlas Lanzarote

[0] außerhalb des Kartenausschnitts

Karten zu Arrecife und Puerto del Carmen finden Sie im hinteren Umschlag.

Zu Ihrer Orientierung sind auch die Orte mit Koordinaten versehen, die nicht im Reiseatlas eingetragen sind.

GUT ZU WISSEN

Inhalt

Die wichtigsten MARCO POLO Highlights

Sehenswürdigkeiten, Orte und Erlebnisse, die Sie nicht verpassen sollten

1 **Carnaval**
Im Karneval verfällt die Insel in karibischen Festtaumel mit Umzügen und Tanzorgien (Seite 25)

2 **Castillo de San Gabriel**
Die antike Festung im Zentrum Arrecifes mit toller Aussichtsplattform wartet mit altkanarischen Funden auf (Seite 30)

3 **Castillo de San José**
Das Kastell am Stadtrand Arrecifes beherbergt das Museum für zeitgenössische Kunst und ein schönes Restaurant mit Panoramablick (Seite 30)

4 **Cueva de los Verdes**
Der Rundgang durch das aufwändig ausgeleuchtete Höhlensystem ist ein Muss (Seite 39)

5 **Jardín de Cactus**
Fast 1500 verschiedene Kakteen versammelte César Manrique in dem weiten Rund bei Guatiza (Seite 40)

6 **Jameos del Agua**
César Manrique gestaltete um den Höhlensee mit seltsamen weißen Krebsen Cafeterias und einen Konzertsaal (Seite 40)

7 **Fundación César Manrique**
Des Künstlers Wohnhaus in Tahiche fasziniert durch seine stilvolle Einrichtung (Seite 42)

Die ganze Kraft des Atlantik bei El Golfo

Teguises stimmungsvolle Plaza

8 Isla Graciosa
Die kleine Insel im Norden Lanzarotes bietet eine einzigartige Landschaft in Ruhe und Abgeschiedenheit (Seite 43)

9 Plaza de la Constitución
Um Teguises Hauptplatz scharen sich die schönsten Beispiele kolonialer Architektur (Seite 46)

10 La Geria
In Lanzarotes Weinregion bilden schwarzer Lavaboden und grasgrüne Reben einen eindrucksvollen Kontrast (Seite 60)

11 Museo Agrícola El Patio
Lanzarotes lebendigstes Museum in Tiagua berichtet spannend von vergangenen Zeiten (Seite 63)

12 Ruta de los Volcanes
Die Bustour durch den Timanfaya-Nationalpark ist wie eine Reise auf dem Mond (Seite 67)

Schön stachelig: Jardin de Cactus

13 El Golfo
Giftgrün liegt die Meerwasserlagune am Grund eines Vulkankraters (Seite 76)

14 Playas de Papagayo
Die goldgelben »Papageienstrände« sind die schönsten der Insel (Seite 77)

15 Salinas de Janubio
Die größte Meersalzsaline des Archipels mit in allen Farben schillernden Becken muss man besucht haben (Seite 78)

★ *Die Highlights sind in der Karte auf dem hinteren Umschlag eingetragen*

Entdecken Sie Lanzarote!

Das Feuer der Erde schuf eine Insel der Naturwunder

Schon beim Anflug kommt ein wenig Sciencefictionstimmung auf: Da taucht aus dem stahlblauen Meer plötzlich dieses Gebilde aus kahlen, beigegrauen Hügelketten auf, aus schwarzen Lavafeldern und Kratern, als ob ein wütender Titan einen Meteoritenschwarm hinabgeschleudert hätte, eine Mondlandschaft voll unwirklicher Farben und Formen, auf die schnell ziehende Wolken ihre Schatten werfen, gesäumt von der Gischt des anbrandenden Ozeans.

Lanzarote ist schon auf den ersten Blick anders als die anderen Kanaren, die bereits in der Antike wegen ihres Klimas als »glückliche Inseln« galten. Doch welche Kräfte hier einst am Werk waren, die die viertgrößte der sieben Islas Canarias in eine unwirtliche Einöde verwandelten, erschließt sich Besuchern erst vom Boden aus.

Als am 1. September 1730 die Katastrophe begann, notierte der Priester Andrés Lorenzo Curbelo aus dem Dorf Yaiza: »Zwischen neun und zehn Uhr abends öffnete sich die Erde am Timanfaya. In der ersten Nacht erhob sich ein enormer Berg aus dem Erdenschoß, aus dessen Spitze Flammen schlugen, die neunzehn Tage lang brannten. Ein Lavastrom floss über Timanfaya (...) nach Norden.« Fast sechs Jahre lang hielten die Vulkanausbrüche schließlich an und gehören damit zu den gewaltigsten der jüngeren Erdgeschichte.

Sehr beliebt ist die Playa Grande bei Puerto del Carmen

Wandgemälde im Patio der Fundación César Manrique in Tahiche

Schon im Tertiär, vor gut zwanzig Millionen Jahren, drängten beim Auseinanderdriften der Kontinentalplatten Afrikas und Amerikas riesige Mengen Basaltmagma durch die Bruchlinien der Erdkruste nach oben und ließen die beiden ältesten Inseln des Archipels, Fuerteventura und Lanzarote, entstehen. Seitdem sind die Kanaren nie völlig zur Ruhe gekommen. Doch keine andere Insel wurde zu historischer Zeit so heftig heimgesucht wie Lanzarote.

Geschichtstabelle

Vor 800 v. Chr. Homer und andere Dichter der Antike schreiben von den Inseln der Glückseligen. Phönizier und Karthager entdecken später den Kanarischen Archipel

1312 Der Genueser Lancelotto Malocello errichtet die erste Festung oberhalb von Teguise. Nach ihm wird Lanzarote benannt

Ab 1402 Der Normanne Jean de Béthencourt erobert Lanzarote für die kastilische Krone und wird »König der Kanarischen Inseln«. Mit seinem Statthalter Gadifer de la Salle schlägt er einen Aufstand der Majos, der Urkanarier, nieder. Deren König Guadarfía lässt sich daraufhin taufen. Die Kapelle der Festung Rubicón wird erster Bischofssitz der Kanaren

1433–1479 Portugiesen und Spanier machen sich die Kanaren wechselseitig streitig. Im Vertrag von Alcáçovas wird der Archipel endgültig Spanien zugesprochen

16.–17. Jh. Auf Lanzarote blüht der Handel mit Sklaven von der afrikanischen Küste. Im Gegenzug plündern und brandschatzen Berber und algerische Piraten Arrecife und Teguise, entführen Hunderte von Lanzaroteños

1730–1736 Verheerende Vulkanausbrüche verwüsten den Süden Lanzarotes. Viele Bewohner wandern in der Folgezeit nach Lateinamerika aus.

1852 Arrecife wird Hauptstadt, der Kanarische Archipel zur Freihandelszone erklärt

1927 Lanzarote wird mit Gran Canaria und Fuerteventura zur Provinz der Ostinseln vereint

1936–1939 Francisco Franco, Militärbefehlshaber der Kanaren, putscht gegen die Regierung in Madrid. Der Bürgerkrieg bringt Spanien wirtschaftlichen Niedergang und politische Isolation

Ab 1960 Der Tourismus entdeckt die Insel und ersetzt die Landwirtschaft als wichtigstes Gewerbe

1975 Nach dem Tod Francos setzt die politische Öffnung ein. Der Tourismus erlebt einen Boom

1982 Die Kanaren erhalten Autonomiestatus

1986 Spanien wird EG-Mitglied, die Kanaren zur Freihandelszone

1988 Die touristische Infrastruktur wird deutlich verbessert

1993 Mit der Ernennung Lanzarotes zum Biosphärenreservat durch die Unesco wird Manriques Lebenswerk gewürdigt

2000 Auf Lanzarote werden 1,5 Mio. Urlaubsgäste gezählt

2004 Generalrenovierung des Castillo de San Gabriel in Arrecife

Über 20 Prozent des 795 km^2 großen Eilands wurden bis 1736 verschüttet, Lava und Asche gaben diesem Teil eine neue Gestalt.

Obwohl sich die Insel von Nordost nach Südwest nur etwa 60 km und von West nach Ost gerade mal 20 km weit ausdehnt, gibt es viele Landschaften, die sich deutlich voneinander unterscheiden: Endlose Schlacke- und Aschefelder bedecken vor allem den Westen. Der Süden ist trocken, nur sehr dünn besiedelt und wegen seiner goldenen Traumstrände um El Papagayo bei Urlaubern überaus beliebt. Die Inselmitte wird für ihre kuriosen Weinanbaugebiete um La Geria gerühmt und läuft an der Ostküste in die kalkweißen Touristenhochburgen Puerto del Carmen und Costa Teguise aus, die ihrerseits die Hauptstadt Lanzarotes, Arrecife, einrahmen. Überraschend bunt und üppig breitet sich schließlich der Norden um die Kleinstadt Haría aus, die das Zentrum der Agrarregion bildet. Nicht zu vergessen sind die drei Eilande La Graciosa, Montaña Clara und Alegranza, die sich nach Norden hin wie Farbkleckse aus Lanzarotes Palette gelöst zu haben scheinen.

»Fast die Hälfte Lanzarotes steht unter Naturschutz«

Fast die Hälfte der Landschaft steht mittlerweile unter Naturschutz, und 1993 wurde Lanzarote gar als erste Insel der Erde vollständig von der Unesco zum Biosphärenreservat erklärt.

Das milde Klima ist dem Nordostpassat zu danken. Die warmen Winde tragen Wolken in 600 bis 1700 m Höhe mit sich, die sich an den Hängen der hohen kanarischen Berge stauen und abregnen können. Pech für Lanzarote: Gerade mal 671 m misst der höchste Berg, der Peñas del Chache im nördlichen Gebirge Risco de Famara. Wolken und Wind mildern aber immerhin die Hitze. Der Kanarenstrom, ein kühlerer Rückstrom des Golfstromsystems, wirkt zudem ausgleichend auf die jahreszeitlichen Temperaturschwankungen. So bewegt sich denn auch der Durchschnitt der Tageshöchsttemperaturen zwischen milden 20 Grad im Dezember und warmen 29 Grad im August. Das Meer verlockt mit 17 bis 22 Grad zu ganzjährigem Badespaß.

Über die Urbevölkerung der Insel weiß man nicht viel. Was sich auf Lanzarote vor Ankunft der Europäer abspielte, liegt auch heute noch weit gehend im Dunkeln. Die hier Majos genannten Altkanarier kamen in mehreren Einwanderungswellen etwa ab dem 3. Jh. v. Chr. aus Nordafrika und entstammten den dort noch immer ansässi-

Am Vulkanhang gedeiht Wein

Die grüne Lagune von El Golfo zählt zu Lanzarotes Naturschönheiten

gen, hellhäutigen Berbervölkern. Was sie nach Lanzarote und auf die anderen kanarischen Inseln verschlug und mit welcherart Schiffen sie kamen, darüber herrscht noch immer Rätselraten.

Schon als der Genueser Seefahrer Lancelotto Malocello 1312 seinen Fuß auf die Insel setzte, lebten die knapp Tausend Majos vom Fischfang, den sie vom Ufer aus betrieben. Sie bauten zudem Getreide an, das in primitiven Mühlen zu *gofio* verarbeitet wurde, dem Grundnahrungsmittel der Altkanarier. Ziegen und Schafe sorgten für Abwechslung auf dem Speiseplan. Für das tägliche Leben und die Jagd dienten ihnen Werkzeuge aus Stein oder Knochen. Metalle waren unbekannt. Höhlenartige Behausungen wurden ins Erdreich gegraben oder aus den Felsen gekratzt und boten Schutz vor Wind und Wetter. Ein *guanarteme*, eine Art König oder Häuptling, herrschte über die Bevölkerung. 1402 begann der für Spanien segelnde Normanne Jean de Béthencourt auf Lanzarote die Eroberung des Kanarischen Archipels. In kurzer Zeit wurden die Majos unterworfen, getötet oder versklavt.

» ***Hier werden Pflanzen mit Sand bestreut*** «

Der tägliche Kampf ums Überleben änderte sich nicht. Als geniale Entdeckung stellte sich jedoch die Technik des *enarenado*, der »mit Sand bestreuten« Felder, heraus. Diese lanzarotische Erfindung des Trockenanbaus bedient sich des porösen *picón*, murmelgroßer Vulkansteinchen, die als Auswurfprodukt der

Eruptionen megatonnenweise in der Landschaft herumliegen. Wie ein Schwamm entziehen die Steinchen den Passatwinden nachts die kostbare Feuchtigkeit und geben diese dann tagsüber an die Pflanzenwurzeln ab.

Getreide und Gemüse – darunter Mais, Tomaten und Zwiebeln – sowie Tabak werden bis heute auf diese Weise angebaut, wenn auch praktisch nur noch für den Eigenbedarf, da die Landwirtschaft ökonomisch immer mehr an Bedeutung verliert. Doch verdanken die Bauern dem *enarenado* auch den großen Erfolg ihres Weinbaus.

Kein Zweifel, dass sich die mittlerweile 114 000 Lanzaroteños von den Erträgen der heimischen Scholle und vom Fischfang allein nicht mehr ernähren können. Anfang der 60er-Jahre eröffnete sich mit dem allmählich einsetzenden Tourismus eine neue Perspektive, die Lanzarote den einzigen Weg in eine gesicherte Zukunft wies. Gut drei Viertel der Menschen leben heute von den jährlich 1,5 Mio. Gästen, die auf Lanzarote ihren Urlaub verbringen.

Entlang der Südostküste wuchsen mehrere Ferienzentren heran. Meerwasserentsalzungsanlagen haben die leer geschöpften Brunnen ersetzt und sorgen für Trinkwasser, das mit hohem Energieaufwand gewonnen und in die entferntesten Winkel der Insel transportiert wird. Windkraftanlagen recken sich in den Himmel, Asphaltbänder schneiden durch die Lavafelder.

Dennoch gelang es den Lanzaroteños, ähnliche Bausünden wie die Touristenghettos auf Gran Canaria und Teneriffa weitgehend zu vermeiden. So durften lange Zeit keine Häuser mit mehr als vier Stockwerken errichtet werden. Zu verdanken ist dieses kluge Maßhalten besonders einem Mann: César Manrique. Der große Maler, Bildhauer und Architekt sorgte auch dafür, dass die meisten Dörfer heute den Betrachter wieder in klassischen Farben anstrahlen: weiß die Fassaden, grün die Fenster und Türen.

»Spaß und Rummel, aber auch Stille«

365 Tage im Jahr Strand, Spaß und Rummel können nicht darüber hinwegtäuschen, dass Lanzarote mehr als alle anderen Kanaren eigentlich ein Ort der Enthaltsamkeit, Muße und Stille ist. Dies drückt sich in den Gesichtern der Landbevölkerung aus, Menschen, denen das Schweigen ins Gesicht geschrieben steht: dem Bauern, der mit dem Eselspflug stoisch den Staub umgräbt; der Bäuerin, die endlose Feigenkaktusreihen aberntet; den alten Männern, die täglich auf der Dorfplaza sitzen und den Tag an sich vorüberziehen lassen.

Setzen Sie sich doch einmal zu ihnen, auch wenn Sie kein Gespräch führen wollen. Beobachten Sie eine Weile die Umgebung aus deren Blickwinkel, erleben Sie die Kontakte der Lanzaroteños untereinander. Sie werden bemerken, wie eng die Bande zwischen den Generationen auf dem Land noch sind, wie locker der Umgang miteinander ist, wie selbstverständlich der Respekt zwischen Jung und Alt. Das Lanzarote von einst lebt immer noch in seinen Nischen fort, und nur dem, der es mit offenen Augen und Ohren sucht, dabei auch einmal innehält, offenbart die Insel ihren ganzen Zauber.

Von Läusen und Dromedaren

Wissenswertes zu Geschichte, Kultur und Natur auf Lanzarote

Architektur

Von der Höhle zum Hotel – 1000 Jahre Wohnen auf Lanzarote haben gravierende Veränderungen mitgemacht. Die Altkanarier lebten entweder in Felsgrotten im Lavagestein oder sie gruben mit simplen Steinwerkzeugen in den Boden und errichteten über der Versenkung igluartige Gewölbe aus Lavabrocken; mehrere dieser Unterkünfte bildeten dann ein Dorf. Größere Tunnelsysteme unter erkaltetem Magma, etwa die Cueva de los Verdes, nutzten sie vermutlich als Zufluchtsstätten bei Angriffen und Naturkatastrophen. Auch die Residenzen ihrer Könige lagen teils unter der Erde. In der Nähe von Tahiche wird eine solche Anlage erforscht.

Die europäischen Eroberer errichteten im 14. Jh. zunächst Festungen. Deren älteste war Vorläuferin des heutigen Castillo de Guanapay. Später brachten die Spanier aus Andalusien den maurisch inspirierten Mudéjarstil mit, der allerdings nur in einigen Kirchen und Herrenhäusern eingesetzt wurde. Schlichte Fassaden, unverputzte Hausecken, Ziegeldächer, Patios und reich verzierte Holzdecken und -balkone waren dafür typisch. Die schönsten Beispiele dafür finden sich in Teguise, Yaiza und in verschiedenen Kirchen auf der Insel.

Quadratisch, praktisch, gut – nach diesem Motto bauten die Bauern. Die Vorbilder für die noch heute verwendeten Würfelhäuser aus dicken gekalkten Wänden, Flachdächern und winzigen Fenstern findet man in Nordafrika.

Eines von César Manriques Werken: der Kaktusgarten von Guatiza

Cochenille

Fast jeder hält es zuerst für einen schlechten Scherz: Das knallige Rot des leckeren Campari sei schlicht Läuseblut. Doch so ist es, und auf Lanzarote kann man sich davon überzeugen. Auf Dutzenden von Hektar Ödland gedeiht zwischen Guatiza und Mala der Feigenkaktus. Diese Opuntie ist die Lieblingsnahrung der Cochenillelaus. Und die wenige Millimeter große, weißgraue Schildlaus liefert ein tiefes Karminrot. Mitte des 19. Jhs. wurde der Feigenkaktus aus Mexiko eingeführt, weil die europäische Textilindustrie damals dringend Farbstoffe brauchte.

Die Läuse werden auf den Kaktusblättern ausgesetzt, ernähren sich vom Pflanzensaft und vermehren sich. Alle zwei bis drei Monate werden die neuen Larven in Handarbeit mit Spachteln von den dornigen Opuntien abgeschabt. Nach ihrer Reinigung werden sie in Heißwasser getötet, dann getrocknet und zermahlen. Für ein Kilo Farbe lassen Millionen von Läusen ihr Leben. Anfangs schien der Cochenillezucht eine grandiose Zukunft sicher zu sein. Doch schon eine Generation später war mit der Entdeckung der billigen synthetischen Anilinfarben das Geschäft vorbei. Die meisten Plantagen gaben auf. Das natürliche Cochenillerot wird heute nur noch für einige Lebensmittel (Süßwaren, Liköre), Kosmetika und Medikamente verwendet.

Dromedare

Es ist schon ein faszinierendes Bild, wenn man die lange Karawane die Ascheberge Timanfayas entlangziehen sieht. Die Dromedare Lanzarotes gehören zu den großen Touristenattraktionen. Wohl schon mit den ersten Europäern kamen die einhöckrigen Asketen auf die Insel. Als ideale Arbeitstiere – sie kommen, wenn nötig, wochenlang ohne Wasser aus und schleppen klaglos schwerste Lasten – wurden sie auf dem Feld, zum Warentransport, zum Betrieb der Gofiomühlen und als Reittiere eingesetzt.

Mit der Einführung von Maschinen auf der Insel schien ihre Karriere unwiderruflich beendet. Doch durch den Tourismus erlebten die Dromedare eine echte Renaissance. Heute lassen sich täglich Hunderte von Urlaubern in den Sätteln an den Seiten des Höckers durch die Feuerberge von Timanfaya schaukeln. Beim Ort Uga werden Dromedare auch gezüchtet.

Flora und Fauna

Nur auf den ersten Blick wirkt Lanzarote leblos. Doch Tausende Wildpflanzen, von denen viele nur auf den Kanaren vorkommen, sind auf der Insel heimisch. Dazu gehören der im Frühjahr weiß blühende *taginaste* (Natternkopf), die lavendelähnlich duftende *retama*, süße und bittere *tabaiba*, gedrungene Büsche, die mit wurstigen Zweigen zwischen den Felsen hervorlugen. Hunderte Flechtenarten überwuchern die Lava und zersetzen sie in Jahrtausende dauernden Prozessen. Der *cardón* ist die bekannteste vieler Euphorbien. Wie Kandelaber ragen seine dornenstarrenden Säulen in den Himmel. Die Kanarische Dattelpalme, deren weit ausladendes Blattwerk und orangefarbene Früchte dem Tal um Haría sein mediterranes Ambiente verleihen, gedeiht ebenfalls nur auf den Kanaren. Am fremdartigsten ist aber der *drago*, der Drachenbaum, von dem auf Lanzarote leider nur wenige Exemplare überlebt haben. Er gehört zu den Liliengewächsen und starb jenseits Makronesiens, zu dem die Kanaren, Madeira, die Azoren und Kapverden gehören, schon vor 20 Mio. Jahren aus. Den Altkanariern war der Drachenbaum mit seiner schuppigen Rinde, den bizarren, dicken Ästen mit Büscheln säbelartiger Blätter und einem Schweif kirschgroßer Früchte wegen seines Harzes heilig. Das so genannte Drachenblut, das sich an der Luft dunkelrot färbt, verwendeten sie schon in grauer Vorzeit bei der Zubereitung von Heiltränken und Salben. Die leuchtende Blütenpracht der Bougainvilleen und Hibiskussträucher, üppiger Geranien und großer Weihnachtssterne auf Strandpromenaden und Avenidas verdankt ihr Überleben auf der kargen Insel übrigens nur intensiver künstlicher Bewässerung.

Auf Lanzarote leben nur wenige Tierarten. Außer verwilderten Haustieren, Katzen und Hunden, und zur Jagd ausgesetzten Kaninchen und Tauben gibt es vereinzelte Greif- und Seevögel. Der graugrüne, wild lebende Girlitz ist der Urahn des bunten Kanarienvogels. Eine nur hier beheimatete Spitzmausart wurde erst vor wenigen Jahrzehnten entdeckt. Einzigartig sind auch die weißen Krebse in den Jameos del Agua.

Icó

Viel wissen wir nicht von den Altkanariern. Eine spannende Sage aber erzählt man sich bis heute: Einem alten Brauch der Gastfreundschaft folgend überlässt König Zonzamas im 14. Jh. einem spanischen Edelmann bei dessen Besuch auf Lanzarote seine Frau für eine Nacht. Neun Monate später erblickt deren Tochter Icó das Licht der Welt. Als Sklavenjäger Zonzamas Thronfolger verschleppen, wird Guanarame, der zweite Sohn Zonzamas, sein Nachfolger. Der entbrennt in heftiger Liebe zu seiner inzwischen erwachsenen, seltsam hellhäutigen und blonden Halbschwester Icó und heiratet sie. Als jedoch beider Sohn, Guadarfía, die Königswürde übernehmen soll, macht das alte Gerücht der zweifelhaften Herkunft Icós wieder die Runde. Die Rauchprobe soll daher entscheiden.

Dazu führt man Icó in eine Höhle, die vollständig mit Rauch gefüllt werden soll. Nur wenn sie dies überlebe, könne man ihres königlichen Geblüts sicher sein. Eine weise Frau aber gibt ihrer Herrin heimlich einen nassen Schwamm mit, den sich diese vor Nase und Mund drücken soll. Gesagt, getan – Icó überlebt, hat ihre reine Abstammung bewiesen, und Guadarfía wird neuer König.

Eine derartige Blütenpracht gibt es nur mithilfe künstlicher Bewässerung

Lucha Canaria: Der alte Kampfsport ist immer noch sehr populär

Lucha Canaria

Die *lucha canaria,* den kanarischen Ringkampf, gab es schon zur Zeit der Altkanarier. Sie wird nur auf den sieben Inseln des Archipels betrieben. In einem Kreis mit 12 m Durchmesser, der mit Sägespänen oder Sand bedeckt ist, treten je zwölf Kämpfer zweier Teams paarweise gegeneinander an.

In der Ausgangsposition – vornübergebeugt einander zugewandt und das aufgekrempelte Hosenbein des Gegners mit der linken Hand im Griff – beginnt der maximal drei Minuten dauernde Kampf. Mit verschiedenen Ringergriffen versuchen die *luchadores,* den Gegner zu Boden zu werfen. Dafür ist nicht nur Kraft, sondern auch Technik und Schnelligkeit ausschlaggebend. Es gibt keine Gewichtsklassen. Und so kann es vorkommen, dass ein 55 kg schwerer Jüngling gegen einen Zweieinhalb-Zentner-Koloss antritt und diesen mit raffinierten Tricks zu Boden schickt. Wer seinen Gegner in maximal drei Kämpfen zweimal bezwingt, gewinnt einen Punkt, der andere scheidet aus. Die Mannschaft, die am Schluss noch Kämpfer auf der Bank hat, entscheidet den Wettbewerb für sich.

Malvasía

Möglicherweise schon im 15. Jh. gelangten die ersten Rebstöcke von Kreta aus auf die Kanarischen Inseln, ab 1600 sind sie auf Lanzarote dokumentiert. Wie im Flug eroberte der erdige, vollfruchtige Geschmack der hellen, sonnenverwöhnten Kanarentraube die Gaumen der Europäer. Besonders in England war man ganz verrückt nach ihr. Als dort jedoch die ersten Fässer Portwein und Sherry eintrafen, fand die Blütezeit ein rasches Ende. Erst nach den Vulkanausbrüchen des 18. Jhs. sorgte die Einführung des *enarenado* für einen neuen Aufschwung.

Heute stammen etwa 40 Prozent des Lanzaroteweins aus Malvasíatrauben. Die gängigen Sorten sind ein weißer, herbfruchtiger Tafelwein und der süße, schwere *moscatel.* Beide sollten nur mit *denominación de origen* gekauft werden, also mit Herkunftsgarantie.

Manrique, César
Was konnte er eigentlich nicht, der 1919 in Arrecife geborene Tausendsassa? Maler, Bildhauer, Architekt, Designer, Autor und Umweltschützer – César Manrique hatte in vielem Erfolg und wurde so der berühmteste Sohn Lanzarotes. Nach ersten Ausstellungen gegenständlicher Bilder zieht es ihn 1945 nach Madrid, wo er die abstrakte Malerei für sich entdeckt und rasch bekannt wird. Ab 1965 folgen drei Jahre USA-Aufenthalt. Als sich 1968 der Tourismus auf Lanzarote ankündigt, kehrt er zurück, um sich künstlerisch am Aufbruch seiner Heimat in die Moderne zu beteiligen. Manrique verwandelt Lavatunnel und Grotten in atemraubend schöne Traumgebilde, errichtet Monumente und Windspiele. Betonexzesse auf anderen Kanareninseln lassen ihn auch immer heftiger gegen die Bauwut im Zuge des Tourismus zu Felde ziehen. Vehement kämpft er dafür, durch Förderung der traditionellen Architektur das Bild seiner Heimat zu erhalten. Gegen alle Widerstände setzt er strikte Auflagen durch, entwirft aber auch selbst Bungalowanlagen und baut Hotels um. Am 25. September 1992 stirbt er in der Nähe seines Wohnhauses bei Tahiche an den Folgen eines Autounfalls.

Wasser
Wasser ist das kostbarste und knappste Gut Lanzarotes. In der Vergangenheit schöpften die Menschen ihr Trinkwasser aus Brunnen, leiteten es aus den Famara-Bergen in langen Stollensystemen *(galerías)* zu ihren Siedlungen oder sammelten das Regenwasser in Zisternen, den *aljibes*. Das größte dieser unterirdischen Auffangbecken, die *gran mareta*, befand sich in Teguise.

Wegen des gewachsenen Bedarfs und des übernutzten Grundwassers müssen heute 90 Prozent des Trinkwassers aus dem Meer gewonnen werden. Um 1000 l Wasser zu destillieren, werden 8 l Heizöl verbrannt, ein gewaltiger Ressourceneinsatz. Ein Feriengast verbraucht im Schnitt übrigens doppelt so viel Trinkwasser wie ein Einheimischer. Immerhin wird die Bepflanzung in den zahlreichen Ferienanlagen und auf öffentlichem Grund heute nicht mehr mit Frischwasser gegossen. Kläranlagen recyceln das Brauchwasser und erlauben so seine doppelte Nutzung. Ausgeklügelte Leitungssysteme verteilen das kostbare Nass effizient. Daher auch an Sie eine große Bitte: Gehen Sie bitte sehr sparsam mit Wasser um!

Ziegen
Schon die Altkanarier hielten sie als wichtigste Nutztiere. Die Ziegen lieferten ihnen Milch, Käse, Fleisch, Knochen und Häute. Außerdem waren die Allesfresser äußerst genügsam, eine wichtige Voraussetzung für das Überleben auf Lanzarote. Mittlerweile stellen sie aber auch ein Problem dar. Denn zu Tausenden streifen Ziegen heute mehr oder weniger unkontrolliert über die Insel und vertilgen alles, was sie an Essbarem finden – ein Kahlschlag, der der ohnehin kargen Vegetation arg zusetzt. Dennoch beleben die quirligen, mit ihren Glöckchen bimmelnden Herden natürlich auch das Landschaftsbild. Und *queso de cabra* (Ziegenkäse) ist eine Spezialität der Insel, die man unbedingt probieren sollte.

Tafeln wie die Lanzaroteños

Zu Fisch, gofio oder papas con mojo trinkt man ein Glas des leckeren Inselweins

Oft hört man den Vorwurf, der kanarischen Küche fehle die Finesse. Dabei sind es gerade Erfindungsreichtum und die Fähigkeit, aus fast nichts mehr als nur etwas zu machen, die den Speisezettel der Insulaner seit jeher geprägt haben. Denn wer wollte Lanzarotes traditionelles Handicap schon leugnen? Trockene Böden unter sengender Sonne – stets ging es darum, der Erde Nahrung für den nächsten Tag abzutrotzen. Die kanarische Küche wurde aus Armut geboren.

Lanzarotes Ureinwohner ernährten sich hauptsächlich von *gofio*, dem Mehl aus gerösteter Gerste oder Mais. Die Körner wurden zerstampft und später in Windmühlen gemahlen. Unbegrenzt lagerfähig und universell verwendbar war das beigefarbene oder hellbraune Pulver, proteinreich und sättigend. Keine Küchenecke, in der nicht ein Sack *gofio* lehnte, aus dem die Majos eine breite Palette an Speisen zauberten: gebacken als Brot, verrührt in Suppen und Getränken, zu Fisch, Fleisch, Kartoffeln, mit Honig und Mandeln als Nachtisch – das tägliche Leben ohne *gofio* war undenkbar. Zwar wird er noch immer hergestellt, wenn auch heute nur noch aus Weizen oder Mais, doch hat *gofio* mit Einzug der Moderne seinen Stellenwert an Pasta und Hamburger verloren.

Typisches Inselgericht: papas arrugadas

Als Alltagsgerichte haben sich dagegen Suppen und Eintöpfe behauptet. Ein *potaje,* jene famose Gemüsesuppe, in der alles essbare Grünzeug der Saison verrührt wird, findet sich in jedem Lokal, das *cocina casera,* Hausmannskost, reicht.

Deftiger geht es bei *puchero* und *rancho canario* zu. In die dicken Eintöpfe kommen Fleisch von Huhn, Rind und Schwein. Nicht zu vergessen auch die *ropa vieja,* wörtlich alte Wäsche. Die Bezeichnung weist liebenswürdig, aber deutlich auf den Ursprung dieser rustikalen Leckerei hin: die Essensreste der Woche. Es wurde eben nichts verschwendet.

Auch die Einflüsse der Welten, deren Drehkreuz der kanarische Archipel einst war, sind noch in der *cocina canaria* spürbar: Yams aus Afrika, Süßkartoffeln aus Südamerika und Safran aus der Mancha finden sich in den Gerichten wieder.

Fleisch und Fisch gab es früher nur zu besonderen Anlässen. Jede Ziege war wertvoll, und gute Fi-

Kanarische Spezialitäten

Lassen Sie sich diese Köstlichkeiten gut schmecken!

adobo – scharfe Beize aus Öl, Essig, Lorbeer, Kräutern, Weißwein, Paprika, Knoblauch, Pfeffer, in der vor allem Fleisch tagelang eingelegt wird

arroz a la cubana – weißer Kochreis, mit gebratener Banane, Spiegelei und Tomatensauce; einfaches Essen karibischen Ursprungs

baifito en adobo – gebratenes, in Beize eingelegtes Zicklein; ein mit *papas* und Salat typisches Festessen

bienmesabe – zäher, goldbrauner Nachtisch aus Honig, Mandelsplittern, Eigelb und Zitrone, der so mundet, wie er übersetzt heißt: schmeckt mir gut

caldo de pescado – dünne Fischsuppe mit Kartoffeln und Kräutern

cherne al cilantro – gebratene kanarische Goldbrasse in würziger Koriandersauce

conejo en salmorejo – gebratenes Kaninchen in Beize aus Lorbeer, Knoblauch und Wein; wird mit *papas arrugadas* und Salat serviert; beliebtes Weihnachtsessen

gambas al ajillo – Garnelen in kochendem Olivenöl mit Knoblauch, Peperoni, Petersilie

gofio escaldado – *gofio* mit der Brühe des *caldo de pescado* zu sämigem, maisgelbem Brei angedickt, mit Kräutern und Paprika je nach Wunsch

leche asada – puddingartige gebratene Milch aus mit Eiern, Limonenschale und Zimt gekochter Milch

mojo rojo – roter Mojo – sämige bis flüssige, scharfe Tunke aus roten Peperoni, Öl, Knoblauch, Essig und Salz zu Fleischgerichten und *papas arrugadas*

mojo verde – grüner Mojo – gleiche Herstellung wie *mojo rojo,* aber grüne Peperoni mit viel Korianderkraut; begleitet Fischgerichte und *papas arrugadas*

papas arrugadas – in Salzlake gekochte, kleine fest kochende kanarische Kartoffeln, die immer mit ihrer schrumpeligen *(arrugado)* Haut verzehrt werden

potaje canario – kräftige Gemüsesuppe aus Kichererbsen, Kartoffeln, Gemüse der Saison und Mais

rancho canario – deftiger Eintopf aus Kichererbsen, Kartoffeln, Schweinefleisch, Nudeln, Zwiebeln, Safran, Knoblauch, Paprikawurst

sancocho canario – in Salz eingelegter, gekochter Fisch, der mit Gemüse und *mojo* gegessen wird

scher waren schon die Majos nicht. Auch die spanischen Siedler hatten unter der kanarischen Sonne Probleme mit der Haltbarkeit. Also legte man seine Beute in Meersalz ein und dachte sich scharfe *adobos* aus, Beizen, in denen Fisch und Fleisch nicht verdarben. Diese typisch kanarischen Saucen aus Öl, Essig, Lorbeer, Kräutern und Knoblauch sind noch heute das Tüpfelchen auf dem i der Inselküche.

Vor den Küsten wirft die kleine, aber agile Fischereiflotte Lanzarotes ihre Netze aus, um *cherne, bocinegro* und *vieja* aus dem Meer zu holen, allesamt kanarische Spezies, die täglich tropffrisch in den Küchen landen. Auch Thunfisch und Sardinen sind immer zu empfehlen. Meist gibt es sie schlicht *a la plancha,* mit heißem Öl auf einer Metallplatte gebrutzelt. Gleiches gilt für die Meeresfrüchte. *Choco* (Tintenfisch) und *pulpo* (Krake) sind kleine Gerichte, die man, nur mit frischem Weißbrot, gern mal zwischendurch isst. Dazu werden *papas arrugadas* und *mojo,* die bei Touristen bekannteste Kanarenspezialität, gereicht.

Die allseits beliebten *tapas* entstammen der Küche des spanischen Festlands. Diese Imbisshappen haben sich vor allem in einfachen Bars und Cafeterias durchgesetzt, wo die Lanzaroteños frühstücken und zu Mittag essen. Morgens einen *café solo* oder *cortado,* einen aromatischen kleinen schwarzen Kaffee ohne oder mit Milch, dazu ein *bocadillo* (belegtes großes Brötchen) – mehr ist nicht nötig, um in Schwung zu kommen. Mittags ab 13 Uhr sitzen sie dann an der Theke bei der Tapasvitrine und verputzen ein Schälchen *albóndigas* (Frikadellen in Sauce), *boquerones* (Sardellen), die frittiert oder *en vinagre* (in Essig) gegessen werden, und was der Leckereien mehr sind.

Kleiner Imbiss zwischendurch

Abends widmen sich die Lanzaroteños ihrer Familie. Das Abendessen im Kreise der Lieben beginnt erst gegen 22 Uhr. Auch am Abend speist man vorwiegend leicht: *Tapas* gibt es, Salat und Weißbrot, gelegentlich auch Fisch oder *potaje.*

Am Wochenende gibt man sich spendabel, geht nach einem Strandtag ins Restaurant, leistet sich einen Nachtisch oder gar eine Flasche Wein. Auch die Lanzaroteños stehen normalerweise eher auf Bier, wobei die kanarischen Sorten *Dorada* und *Tropical* ohne weiteres internationalen Ansprüchen genügen. Zu keinem Essen darf eine große Flasche Mineralwasser fehlen.

Stoffservietten, Butter zum Brot und folkloristische Weisen gehören bei Einheimischen nicht zum Essen. Doch es gibt sie für Touristen. Die sollten den Abend dann auch kulinarisch abrunden – mit einem erdigen Inselwein aus La Geria und einem *carajillo,* dem starken Espresso mit einem Schuss Brandy.

Keramik, Wein und Timples

Zwischen billigen Massenprodukten finden sich Perlen lanzarotischer Handwerkskunst

César Manrique fühlte sich als erster namhafter Künstler von Lanzarote inspiriert. Inzwischen hat sich auf der Ferieninsel eine internationale Kunstszene etabliert. Ihre Ateliers finden Sie unter anderem in Teguise, Arrecife und Yaiza.

Als Billigsouvenirs beliebt sind Strohhüte, T-Shirts mit Lanzarote-schriftzug und die auffälligen Strelitzien (Paradiesvogelblumen). Optisches und elektronisches Gerät jeder Art ist reichlich zu haben, jedoch meist teurer als in Mitteleuropa und oft nicht mit weltweiter Garantie. Aus Afrika oder Fernost kommen Leder- und Textilwaren; sie sind von eher minderer Qualität. Scheinbare Schnäppchen auf Basaren und Märkten entpuppen sich oft als Fälschungen. Dies gilt auch bei angeblicher Markenmode. Vom Status der Kanaren als Freihandelszone profitieren Sie vor allem bei Tabakwaren, Spirituosen und Parfüms. Besonders Zigaretten sind recht günstig.

Authentisch kanarische *artesanía*, Kunsthandwerk, hat eine lange Tradition, überlebt aber heute nur noch wegen der Nachfrage durch den Tourismus. Obenan stehen Durchbruch- und Hohlsaumstickereien. Im *Taller Municipal de Artesanía* in Haría *(Sa 10–14.30 Uhr)* können Sie zusehen, wie die zarten Decken und Tücher entstehen. Dort arbeitet auch einer der letzten Korbflechter. Die Palmen der Umgebung liefern das Rohmaterial für Körbe, Taschen und Strohhüte.

Auf dem Sonntagsmarkt in Teguise

Keramikgefäße werden auf traditionelle Weise ohne Töpferscheibe aus zu Würsten geknetetem Ton gefertigt. Das natürliche Umbra oder Rostrot der Schalen und Krüge wird nicht bemalt. Ein lustiges Andenken sind tönerne Fruchtbarkeitsfiguren altkanarischen Stils.

Teguise ist das Zentrum der Timplefertigung. Diese fünfsaitigen, kleinen gitarrenähnlichen Instrumente sind auch optisch echte Meisterstücke. Timples auf Märkten und Basaren kommen dagegen aus industrieller Massenproduktion. Denn: Lanzarotische *artesanía* ist keine Billigware und hat stets ihren gerechtfertigten Preis.

Vergessen Sie nicht den Supermarkt! Lanzaroter Ziegenkäse gibt es da, *gofio* in Tüten und Meersalz aus der Saline von Janubio, dekorativ verpackt. Lanzarotewein wird in Geschenkkartons verkauft. Er ist jedoch nicht lange lagerfähig.

Feste, Events und mehr

Religion und Folklore mischen sich bei ausgelassenen Festen

Die Feste auf Lanzarote sind fast alle religiösen Ursprungs. Anlass zum Feiern geben der Marienkult, die Ehrung des Schutzheiligen eines

Karneval in Arrecife

Ortes oder das Gedenken an ein Wunder. Höhepunkt ist meist eine Prozession, bei der ein Heiligenbild durch den Ort getragen wird. Immer gibt es auch Musik und Tanz. Eher schwermütige Weisen und Gesänge wie die *folías* spiegeln die Kargheit der Insel wider. Höhepunkt eines jeden Festes ist die Sause danach. Salsa und Rockmusik tönen durch die Gassen, Straßenstände bieten Kulinarisches und Alkoholisches an. Alle machen mit – von acht bis achtzig.

Das ganze Jahr über finden Festivals, Konzerte und Theaterveranstaltungen in den *Jameos del Agua* statt. Stimmungsvoller sind aber Insider Tipp die seltenen Konzerte im Auditorium der *Cueva de los Verdes.* Infos und Tickets in den Touristenbüros, Infos auch unter *www.cabildodelanzarote.com*

Feiertage

1. Januar: *Año Nuevo,* Neujahr; **6. Januar:** *Los Reyes,* Dreikönigstag; **19. März:** *San José,* Josephstag; **März/April:** *Viernes Santo,* Karfreitag; **1. Mai:** *Día del Trabajo,* Tag der Arbeit; **30. Mai:** *Día de las Islas Canarias,* Tag der Kanaren; **Mai/Juni:** *Corpus Christi,* Fronleichnam; **25. Juli:** *Santiago Apóstol,* Jakobstag; **15. August:** *Asunción,* Mariä Himmelfahrt; **12. Oktober:** *Día de la Hispanidad,* Tag der Entdeckung Amerikas; **1. November:** *Todos los Santos,* Allerheiligen; **6. Dezember:** *Día de la Constitución,* Tag der Verfassung; **8. Dezember:** *Inmaculada Concepción,* Mariä Empfängnis; **25. Dezember:** *Navidad,* Weihnachten

Feste und Veranstaltungen

Februar/März

★ 🏃 *Carnaval:* Die ausgelassenste Fiesta von allen zieht sich von Ende Januar bis Anfang März hin. Fast jeder Ort hat seine eigenen Termine für Karnevalsfeste und -umzüge. Höhepunkt sind die Veranstaltungen in Puerto del Carmen, Haría und Arrecife.

März/April

In Arrecife sind die Prozessionen während der *semana santa,* der Karwoche, besonders prächtig ausgestaltet.

24. Juni

Insider Tipp 🏃 *Fiesta de San Juan:* urkanarisches Ernte- und Sonnenwendfest. Nachts zuvor werden in Haría Lagerfeuer entzündet und Strohpuppen verbrannt.

Juli

Weinfeste in Masdache und anderen Orten des Weinbaugebiets La Geria mit Musik und Tanz

7. Juli

★ In Femés wird eine Woche lang während der *Fiesta de San Marcial del Rubicón* mit Prozessionen der Schutzpatron Lanzarotes geehrt.

16. Juli

★ *Fiesta de Nuestra Señora del Carmen:* In Playa Blanca, Puerto del Carmen und La Graciosa wird mit Prozessionen die Schutzheilige der Fischer geehrt.

Mitte August

Zur *Feria de Artesanía,* der Kunsthandwerksmesse in Puerto del Carmen, kommen die Handwerker.

8. September

Yaiza gedenkt während der *Fiesta de la Virgen de los Remedios* mit Prozessionen und Folklore der Schutzheiligen.

15. September

Romería de Mancha Blancha, Fest zu Ehren der *Jungfrau der Schmerzen*, die einst den Ort vor der Lava rettete

24. Dezember

★ 🏃 *Fiesta de los Ranchos de Pascua:* Das Weihnachtsfest in Teguise ist eines der fröhlichsten der Insel. Nach Prozessionen und Andacht geht man ab Mitternacht zu Folklore und Musik über. In Yaiza wird eine Weihnachtslandschaft aufgebaut.

Tanzen gehört zu jedem Fest

Castillos, Gässchen, Einkaufstrubel

Die Inselhauptstadt ist zwar keine Schönheit, gefällt aber mit authentischem kanarischem Leben

Karte in der hinteren Umschlagklappe

In der Calle León y Castillo pulsiert spät vormittags der lanzarotische Alltag. Die Akteure sind Geschäftsleute, nicht im Zweireiher, sondern im kurzärmeligen Hemd, Mütter mit Kindern an der Rechten und der Einkaufstasche in der Linken, Señoritas im legeren Outfit auf dem Weg ins Café oder dezent gekleidet in der Bank, kanarische Señores mit ihren typischen breitkrempigen Hüten vor der hübschen Casa Amarilla, einem gelb gekachelten Amtsgebäude. Das mittlerweile 51 000 Einwohner zählende Arrecife **[112–113 C–D5]** ist wahrlich keine Stadt für Liebhaber klassischer Kolonialarchitektur. Wer aber neugierig ist zu erfahren, wie das Leben in einer kanarischen Inselhauptstadt aussieht, der ist im quirligen Arrecife am rechten Platz.

Schon die Anfahrt über die Südautobahn offenbart den unsteten Charakter der Stadt: Großzügigkeit auf der einen, klein-klein auf der anderen Seite – ein Widerspruch, wie er für kanarische Stadtplanung typisch ist. Zuerst noch saust man auf der breiten Fahrbahn bis fast ins Zentrum. Nach rechts abgebogen, geht es plötzlich in eine Gasse, und noch ein Stückchen nach links steht der Besucher unversehens im Verkehrsgewühl der Strandpromenade. Sie liegt an der Playa del Reducto, an deren Südende ein Stadtpark angelegt wurde. Der ist zwar noch nicht fertig gestellt, zieht aber mit seinen Grünflächen, Palmen, breiten Spazierwegen und Bänken schon jetzt viele Bewohner Arrecifes an.

Gleich an der Avenida Mancomunidad erhebt sich auch schon das erste Monument Arrecifes: das nagelneue Fünf-Sterne-Grandhotel, ein Hochhaus, das nach einem Brand zwanzig Jahre lang das hässlichste Wahrzeichen der Stadt war. Nun wurde es endlich nach aufwändiger Renovierung fer-

San Ginés, Arrecifes Hauptkirche, ist auch im Innern sehenswert

Der Parque Municipal ist kein Park, sondern Arrecifes Strandpromenade

Von der Dreckpfütze zum städtischen Juwel: der Charco de San Ginés

tig gestellt und sorgt für frischen Glanz in Arrecife. In unmittelbarer Nähe ist ein Komplex aus Kinos, Läden und Restaurants geplant.

Gemächlich fährt man nun die Strandpromenade am Club Náutico und dem Parque Municipal vorbei, bis rechter Hand das Castillo San Gabriel auftaucht. Etwa 300 m weiter kann man im Hafen den Wagen abstellen, denn die weitere Stadtbesichtigung sollte zu Fuß erfolgen. Im Parque Municipal neben der Calle Blas Cabrera Felipe steht ein hübscher grünweißer Pavillon mit kleiner Bar, Stühlen und Tischen im Freien. Dort können Sie einen morgendlichen Kaffee zu sich nehmen. Der Park wurde 1999 mit Pflanzen und Steinen zur schönen Promenade hergerichtet. Jenseits der Straße beginnt die Calle León y Castillo. In der Fußgängerzone mit ihren Seitengässchen reißt einen dann das muntere Alltagstreiben der Arrecifer mit.

Der alte Festungswall des Kastells wird durch den Puente de Bolas, die Kugelbrücke, geschlossen. Die alte Zugbrücke ist eines der Wahrzeichen von Arrecife. Von dort geht der Spaziergang an der Avenida Coll an einem hübsch restaurierten Adelshaus mit typisch kanarischen Kassettenfenstern vorbei, der Casa de los Arroyo. Dahinter taucht zwischen den Häusern auch schon der Turm der Kirche San Ginés auf. So einfach der Weg dahin aber auch scheint – ist man erst einmal in dem Gassenlabyrinth zwischen den weißen Fassaden verschwunden, ist ein guter Orientierungssinn gefragt, und man landet schnell in einem Hinterhof oder in einer der kleinen Werkstätten. Doch keine Angst: Hier liegt alles nur ein paar Schritte auseinander. Die kleine Plaza vor der Kirche ist mit ihren Bänken und den schattigen Lorbeerbäumen der ideale Platz für eine Rast.

Das Schmuckkästchen der Stadt indessen liegt in dem Viertel hinter Kirche und Markt, vom Turm des Castillo mehr zu erahnen als tatsächlich zu erkennen. Der Charco de San Ginés entsprach vor wenigen Jahren noch genau seiner spanischen Bedeutung: Die Pfütze *(charco)* war ein ziemlich heruntergekommener, schmutziger Brackwasserteich, in dem Unrat, rostige Boote und Gerätschaften der Fischer vergammelten. Die Stadtverwaltung schaffte es, den kleinen Naturhafen zu säubern und herzurichten. Die Promenade um das flache Hafenbecken wurde ausgebaut, die sie umgebenden Häuser umfassend saniert. Heute ist der Charco tagsüber ein beschaulicher Boulevard, wo Kinder auf den Hafenmauern balancieren und ältere Semester sich zum Schwätzchen auf einer der vielen Bänke treffen. Abends öffnen Bars ihre Tore und stellen bei warmem Wetter Tische und Stühle hinaus. Der Charco de San Ginés wird mehr und mehr von jungen Leuten angenommen und hat die Chance, zur Flaniermeile Arrecifes aufzusteigen.

Zu gänzlich anderer Zeit erwacht ein weiterer spannender Platz Arrecifes zum Leben. Gleich hinter dem östlichen Ende des Charco befindet sich der Fischerhafen, wo kurz nach Sonnenaufgang die großen, bunten Fischkutter mit ihrer frischen Fracht einlaufen. Später am Tag flicken die Fischer ihre Netze, verpassen ihren bunten Schiffchen einen neuen Anstrich und bereiten die Köder für die nächste Ausfahrt vor.

Einige Hundert Meter weiter stadtauswärts liegt auf einer Felsklippe das kleine Castillo de San José. Sehenswert sind vor allem seine Aussichtsplattform und die meterdicken Mauern, hinter denen ein gut ausgestattetes Museum für zeitgenössische Kunst eingerichtet wurde. Das Castillo markiert noch heute Arrecifes Stadtgrenze.

MARCO POLO Highlights »Arrecife«

★ **El Charco de San Ginés**
Der hübsch renovierte Naturhafen wandelt sich zum Kneipen- und Restaurantviertel mit einer rundherum führenden Fußgängerzone (Seite 30)

★ **Iglesia de San Ginés**
Die schlichte Basilika liegt an einer stimmungsvollen Plaza mit schattigen Lorbeerbäumen am Rande des Charco de San Ginés (Seite 31)

★ **Castillo de San Gabriel**
In der pittoresken Festung mit dem tollen Ausblick lebt die Geschichte Lanzarotes wieder auf (Seite 30)

★ **Castillo de San José**
Das geduckte Kastell überrascht mit einem gelungenen Museum und dem stilvollen Restaurant (Seite 30 u. 31)

Blick vom Castillo de San Gabriel über die alte Zugbrücke auf die Stadt

SEHENSWERTES

Castillo de San Gabriel

★ Dem wuchtigen, kleinen Kastell sieht man sein Alter schon deutlich an. Bereits in der zweiten Hälfte des 16. Jhs. wurde von dem Adligen Don Agustín de Herrera y Rojas mit dem Festungsbau begonnen, nachdem der berüchtigte algerische Seeräuber Dogali, der Türke genannt, Arrecife mehrfach schwer heimgesucht hatte. Der jetzige Bau stammt aus dem Jahr 1590. In dem Kastell ist ein sehenswertes Museum untergebracht. Gezeigt werden altkanarische Steinwerkzeuge, Gebrauchskeramik und sogar das komplette Skelett eines Ureinwohners. Vom Flachdach des Castillo aus hat man einen schönen Ausblick auf das Wahrzeichen der Stadt, die Kugelbrücke, und auf Arrecifes Hafenpromenade. *Nach der vollständigen Renovierung voraussichtlich ab 2005 wieder zu besichtigen.*

Castillo de San José

★ Oberhalb des Fischereihafens steht ein weiteres Kastell. Als es in den Jahren 1774 bis 1779 erbaut wurde, war die Seeräuberzeit in dieser Gegend schon fast vorbei. Allerdings herrschte damals eine große Dürre, sodass das Projekt als Arbeitsbeschaffungsmaßnahme beim Überleben half. Heute ist in den restaurierten Gewölben das *Museo Internacional de Arte Contemporáneo* untergebracht. Die Hallen sahen schon Ausstellungen berühmter Künstler wie Joan Miró und Antoni Tàpies. Im unteren Stockwerk liegt das nach dem Kastell benannte feine Panoramarestaurant. *Zu erreichen über die Küstenstraße Richtung Costa Teguise. Museum tgl. 11–21 Uhr, Eintritt frei*

El Charco de San Ginés

★ Der Hafen im Zentrum Arrecifes ist ein gutes Beispiel für gelungene Sanierung. Auf dem seichten Wasser dümpeln bunte Fischerboote, die zusammen mit dem auffallenden Blauweiß der Häuser an der Promenade den hübschen Gesamteindruck ergeben.

Iglesia de San Ginés
★ Die Hauptkirche der Stadt erhebt sich in dem ruhigen, verwinkelten Viertel zwischen El Charco de San Ginés und der Calle León y Castillo. Die dreischiffige, weiße Basilika macht sich gut an der kleinen, baumbestandenen Plaza de las Palmas. Im kühlen Innern schaffen die schöne Holzdecke im Mudéjarstil, die schwarzen Säulen aus Lavastein und die steinernen Rundbögen, die den Dachstuhl tragen, ein warmes Ambiente. *Keine festen Öffnungszeiten*

Parque Municipal
Die lang gestreckte Promenade ist eine Oase der Ruhe. Umgeben von Palmen und exotischen Pflanzen blickt man aufs Meer. Es gibt einen schönen Spielplatz und eine Skatinganlage. An der nördlichen Seite des Parque Municipal halten die Busse aus Playa Blanca, Puerto del Carmen und Costa Teguise. Diese Bushaltestelle empfiehlt sich, weil von hier der Fußweg ins Stadtzentrum viel kürzer ist als vom zentralen Busbahnhof aus.

Pescadería Municipal
Auf dem kleinen städtischen Fischmarkt wird fangfrischer Fisch feilgeboten. *Mo–Sa 8–13 Uhr, Ecke Calle Liebre/Avda Vargas*

ESSEN & TRINKEN

Los Angeles
Einfaches, helles Schnellrestaurant mit kleinen Tischen zum Draußensitzen. Serviert werden gute Tapas, *platos combinados* (Tellergerichte) und frische Säfte. *Tgl. geöffnet, Calle Ruperto González Negrín 6, Tel. 928 81 23 17,* €

Bar San Francisco
Für jeden Lanzaroteño ein Muss, wenn er seine Geschäfte oder Einkäufe in der Innenstadt erledigt hat. Die Restaurantbar im Souterrain ist immer gut besetzt, vom ersten café cortado am frühen Morgen bis zum letzten Glas Wein am Abend. Bekannt ist die bunt gekachelte Bar vor allem wegen ihrer reichen Auswahl an Tapas. *So geschl., Calle León y Castillo 10–12,* €

La Bodeguita
Restaurant im festlandspanischen Stil. Auf der Karte stehen Gerichte wie *carne a la brasa,* Grillfleisch in garantiert großen Portionen. Interessant sind auch echt spanische Vorspeisen wie *morcilla,* spanische Blutwurst, oder *pulpo en su tinta,* Tintenfisch in eigener, schwarzer Tintensauce. *Tgl. geöffnet, Calle José Antonio 103, Tel. 928 81 03 13,* €€

Brillante
Ordentlicher Chinese. Das Lokal ist im fernosttypischen Lampiondrachendekor gehalten. *Tgl. geöffnet, Calle José Antonio 93, Tel. 928 80 26 81,* €€

Café La Unión
Café mit legerer Atmosphäre. *So geschl., Plaza de la Constitución 16,* €

Castillo de San José
★ Speisen im Kastell. Verheißungsvoll ist bereits der Eingang mit schwarzen Lavastufen und indi-

rekt beleuchteten Wänden. Das Restaurant dient als Ausstellungsraum des Museums für moderne Kunst. Panoramafenster eröffnen einen tollen Blick auf das Hafenareal. Auch die livrierten Kellner verbreiten einen Hauch von Luxus. Wer das Ganze günstiger haben möchte, genießt das Ambiente an der Bar bei einem *café con leche. Tgl. geöffnet, Tel. 928 81 23 21,* €€€

Insider Tipp

Cofradía de Pescadores San Ginés
Restaurant und Bar der Fischereigenossenschaft. Frisch zubereiteter Fisch, temperamentvolle Atmosphäre. *Tgl. geöffnet, Avda Naos 20, Tel. 928 81 70 79,* €€

Domus Pompei
Kleiner, hübsch eingerichteter Italiener mit netter Atmosphäre. *Tgl. geöffnet, Calle José Betancort 19, Tel. 928 81 42 16,* €

Lemon
Lockere Bar mit Blick auf das Hafenbecken und die Fischerboote. Bei Popmusik werden drinnen und draußen unter einer Palme kühle Getränke und kleine Snacks gereicht. *Tgl. geöffnet, Ribera del Charco 46, Tel. 928 81 39 90,* €

Insider Tipp

Pastelería Lolita
Das Feinste an Kuchen und Gebäck, das Arrecifes Konditorhandwerk zu bieten hat. *Sa abends und So geschl., Avda Dr. Rafael Glez Negrín 5,* €

EINKAUFEN

El Almacén
In dem Kulturzentrum gibt es spanische Literatur über Lanzarote und wechselnde Kunstausstellungen. *So geschl., Calle José Betancort 33, www.cabildodelanzarote.com*

Chacara Discos
In Arrecife der bestsortierte Laden für CDs und Musikkassetten, gute Auswahl an spanischer und speziell kanarischer Folklore. *Calle Hermanos Zerolo 1*

Insider Tipp

Galería de Arte
Wechselnde Ausstellungen und Verkauf von Gemälden und Drucken verschiedener zeitgenössischer Künstler. *Ribera del Charco 36*

Mango
Junge und preisgünstige Mode bietet die in Spanien bekannte Kette. *Calle León y Castillo 4*

El Mercadillo
Im gemütlich-kleinen Einkaufszentrum gruppieren sich die Geschäfte um einen überdachten Patio mit freundlicher Cafeteria und frischem Gebäck. *Calle León y Castillo 16*

Tomás Panasco
Exquisite Markenkleidung für Sie und Ihn. Oftmals Preisnachlässe. *Calle León y Castillo 11*

ÜBERNACHTEN

Arrecife Gran Hotel
160 moderne DZ und Suiten im neuen Tophotel mitten im Zentrum. Ein großer Garten, Pools und eine Shoppingzeile im Erdgeschoss machen das Wohnen in der Hauptstadt zur echten Urlaubsalternative. *Parque Islas Canarias s/n, Tel. 928 80 00 00, Fax 928 80 59 06, www.atrapalo.com/costas/20/263/13519,* €€€

Hostal España
Einfache, kleine Pension am unteren Ende der Preisskala; zentrumsnah. *15 Zi., Calle Gran Canaria 4, Tel. 928 81 11 90, €*

Lancelot
Die 110 Zimmer des Hauses sind modern, funktional und alle mit Telefon, Safe und Fernseher ausgestattet. Einige haben Meerblick. Der Swimmingpool auf dem Dach des Hotels bietet Atlantikpanorama. *Avda Mancomunidad 9, Tel. 928 80 50 99, Fax 928 80 50 39, €€*

Residencia Cardona
Einfacheres, akzeptabel ausgestattetes Stadthotel zu fairen Preisen in zentraler Lage. Die 60 Zimmer sind sauber, die Sanitäranlagen funktional. Im Erdgeschoss gibt es ein Frühstückscafé. *Calle 18 de Julio 11, Tel./Fax 928 81 10 08, €*

AM ABEND

Die Bars und Diskos von Arrecife füllen sich erst nach Mitternacht. Allenfalls an der Hafenpromenade und am Charco wird schon früher etwas geboten: Lokale für Flaneure, Drinks auf der Terrasse mit Blick aufs Meer.

Nachtschwärmern bietet die zentral gelegene *Calle José Antonio Primo de Rivera* insbesondere freitag- und samstagabends eine beachtliche Kneipenszene. Zwar herrscht viel Wechsel bei den Lokalen, doch ist fast für jeden Geschmack etwas dabei. *El Doblón* beispielsweise ist eine lässige Cocktailbar in der Nr. 57. Gleich daneben liegt das *La Antigua*. Es folgen das *La Calle*, das dunkle *Black* und die klassische Popdisko *El Convento* in Nr. 76.

Cine Buñuel Insider Tipp
Dem Kulturzentrum El Almacén ist das Programmkino *Cine Buñuel* angeschlossen. Es werden meist Mi und Do thematische Filmabende veranstaltet. Eintritt 2 Euro. *Calle José Betancort 33, www.cabildodelanzarote.com*

Multicines Atlántida
Vier moderne Kinosäle am Ufer des Charco. Gezeigt werden internationale Filme, teils spanisch synchronisiert, teils im Original mit spanischen Untertiteln. *Wechselnde Anfangszeiten, Informationen unter Tel. 928 80 20 50*

AUSKUNFT

Touristenbüro *im Parque Municipal, Calle Blas Cabrera Felipe, Tel. 928 81 17 62, Fax 928 80 00 80, Mo–Fr 8–15 Uhr*

ZIEL IN DER UMGEBUNG

Playa Honda **[112 B–C5]**
2 km lang erstreckt sich westlich des Zentrums Arrecifes Stadtstrand. Dahinter drängt sich die gleichnamige Vorstadt. Im neuen *Centro Comercial Deiland* finden sich gute Geschäfte mit Mode, Schuhen, Sport- und Fotobedarf. Der Supermarkt *Hiper Dino* verkauft frische Küchenkräuter wie Lorbeerblätter, Lindenblüten und Kamille. Insider Tipp *Bolera Brunswick* hat fünf Bowlingbahnen *(tgl. 10–22 Uhr, Partie ab 4 Euro)*. Die fünf Säle des Kinos *Multicines Deiland* bringen Filme in Spanisch und Originalversion *(tgl. ab 18 Uhr, Eintritt 5 Euro)*.

Von Bergen, Höhlen und Palmen

Nirgendwo ist die Insel so abwechslungsreich wie im Norden

Wer von der Ferienstadt Costa Teguise aus den Norden entdeckt, erlebt Lanzarote in seiner ganzen Vielfalt. Schon während der Fahrt zur alten Hauptstadt Teguise zieht sich die Bebauung zurück und überlässt das Terrain dem Braunbeige ausgedehnter Aschefelder und scharfkantiger Lavafelsen. Die vielen Kammern und Höhlen im Gestein waren einst von Menschen bewohnt; sie dienen heute oft noch als Stallungen. Inmitten der staubigen Hügel behaupten sich Dörfer mit weiß getünchten Häusern.

Hinter Teguise wird es farbiger. Dort beginnt die Ackerbauregion um Los Valles mit pittoresken Terrassenfeldern. Sie profitiert von ihrer Lage am Fuß des Famara-Gebirges, das bis zur Nordspitze Lanzarotes reicht und den vorbeiziehenden Passatwolken den so wichtigen Regen abluchst. Bis auf 671 m windet sich die Panoramastraße durch grüne Gemüsefelder hinauf, vorbei am Parque Eólico de Lanzarote, dem ökologischen Vorzeigeprojekt der Insel. Dutzende von Windkraftanlagen produzieren hier ein Drittel

Die Cueva de los Verdes wirkt auch dank der geschickten Beleuchtung sehr geheimnisvoll

Strandfreuden bei Costa Teguise

des Stroms, der für die Meerwasserentsalzungsanlagen in Arrecife benötigt wird. Nach Westen hin stürzen Klippen 600 m tief dem Meer entgegen, nach Osten läuft das 12 Mio. Jahre alte Gebirge gemächlich zur Küste aus.

Über den windgepeitschten Risco de Famara flüchteten während der Vulkanausbrüche im 18. Jh. die Bewohner der Timanfaya-Region nach Haría. Leicht können Sie deren Dankbarkeit nachfühlen, als sich dort vor ihnen das Tal der tausend Palmen auftat. Noch heute ist das Becken mit den weit gestreuten, breitkronigen Kanarenpalmen und den Terrassenfeldern das grüne Herz der Insel.

Aber auch die Höhen Famaras sind vulkanischen Ursprungs und haben mit dem 609 m hohen, kreisrunden Monte Corona den schöns-

Der Vulkan Monte Corona ist 609 m hoch

ten Krater der Insel. Von hier aus wälzte sich einst ebenfalls Lava in breiten Strömen zur Küste hinab. Bei jenem Ausbruch um 3000 v. Chr. – also lange vor der Besiedlung der Inseln – entstanden mit den Jameos del Agua und der Cueva de los Verdes zwei faszinierende Höhlensysteme. Entlang der Küstenstraße nach Orzola erstreckt sich das Malpaís de la Corona, das schlechte Land des Corona-Vulkans. Die dunkle Mondlandschaft aus scharfkantigen Magmaschollen ist heute, 5000 Jahre nach ihrer Entstehung, noch immer nicht nutzbar. Nur hellgrüne Flechten überziehen die Halden, und zähe Tabaibabüsche mit daumendicken Ästen haben sich in Ritzen und Spalten festgekrallt. Um so überraschender sind die feinen, hellen Sandstrände, die an manchen Stellen die Küste säumen und zum Baden einladen.

Der Fischerort Orzola schließlich ist nicht nur für seine guten Lokale bekannt. Von dort legen auch die Fähren zur Insel La Graciosa ab. Man sieht sie besonders schön vom Mirador del Río aus, dem hoch über Orzola thronenden, phantastischen Aussichtspunkt.

Costa Teguise

[113 D–E4] Vor einigen Jahren noch wären Inselkenner jede Wette eingegangen, dass Costa Teguise der Ort auf Lanzarote sei, der die rasanteste Entwicklung nehmen würde. Fertig erschlossene Grundstücke bis weit ins Landesinnere sprechen Bände über die großspurigen Pläne, die einst vorlagen. Seit dem großen Baustopp 1990 ist aber Ruhe eingekehrt, und die Verwaltung in Teguise fährt seitdem einen gemächlicheren Entwicklungskurs. So ist auch das Urlauberleben in der Feriensiedlung nördlich der Inselhauptstadt um einiges ruhiger als im umtriebigen Puerto del Carmen. Immerhin stehen die Hotels in dem Ruf, zu den besten der Kanarischen Inseln zu gehören, allen voran das *Gran Meliá Salinas*, bis vor wenigen Jahren das einzige Fünf-Sterne-Haus auf Lanzarote. Seine phantastische Poollandschaft wurde von César Manrique geschaffen, und auch die Idee, den Innenbereich mit üppigen Gärten auszustatten, war richtungweisend für eine ganze Generation von Urlaubshotels in aller Welt. Es wurde nach seiner Eröffnung 1977 zu einem der zehn schönsten Hotels der Welt gewählt.

Zwei weitere Projekte tragen unverkennbar Manriques Handschrift: das Pueblo Marinero – Seemannsdorf, eine hübsche Siedlung aus mehreren Häusern, die sich verwinkelt um verschiedene Innenhöfe gruppieren, und die Villa La Mareta, die leider nur aus weiter Ferne zu sehen ist. Das herrschaftliche Anwesen wurde einst von König Hussein von Jordanien erbaut, der es später dem spanischen König Juan Carlos I. schenkte. Heute wird die streng abgeriegelte Mareta als Domizil für ausländische Staatsgäste genutzt.

ESSEN & TRINKEN

Der starke Passatwind entlang der Costa Teguise war stets ein Ärgernis für die Kellner der Restaurants, die immer wieder fliegenden Tischtüchern hinterherrennen mussten.

Marco Polo Highlights »Costa Teguise und der Norden«

★ **Cueva de los Verdes**
Der Besuch des grandiosen Höhlensystems ist ein Höhepunkt jedes Lanzaroteurlaubs (Seite 39)

★ **Fundación César Manrique**
Manriques Wohnhaus in einer Lavablase in Tahiche vereint Kunst und Natur in Harmonie (Seite 42)

★ **Jardín de Cactus**
Faszinierend ist die stachelige Welt der 10 000 Kakteen mit Windmühle und Fischteich (Seite 40)

★ **Haría**
Liebenswertester Ort der Insel mitten im Tal der tausend Palmen (Seite 50)

★ **Jameos del Agua**
Eine geheimnisvolle Lagune mit weißen Krebsen ist die Attraktion des Lavatunnels (Seite 40)

★ **Mirador del Río**
Von einem der schönsten Aussichtspunkte sieht man die Inseln Graciosa und Alegranza (Seite 50)

★ **Isla Graciosa**
Das abgelegene Eiland hat sich bis heute seinen ursprünglichen Charme bewahren können (Seite 43)

★ **Plaza de la Constitución**
Einmalig das Ensemble aus Kirche, Herren- und Stadthäusern in Teguise (Seite 46)

Heute sind daher viele Restaurantterrassen windgeschützt oder panoramaverglast, sodass man sein Essen mittlerweile ohne Sand zwischen den Zähnen genießen kann.

Café Meral
Wen es nach deutschem Kaffee, Schwarzwälder Kirschtorte oder Tiroler Apfelstrudel mit Sahne gelüstet, der ist hier an der richtigen Adresse. *Mo und abends geschl., Apartamentos las Coronas, Avda del Mar 24, €*

Casa Blanca
Am offenen Grill, vom Gastraum aus einzusehen, werden hier frische Fische und saftige südamerikanische Steaks gebrutzelt. *Mittags geschl., Calle Las Olas 4, Tel. 928 59 01 55, €€*

El Pescador
Solide kanarische und internationale Küche im lauschigen Ambiente von Manriques Seemannsdorf. *Do und mittags geschl., Plaza del Pueblo Marinero, Tel. 928 59 08 74, €€*

Surf-Corner
In der kleinen Bar am Strand neben der Tauch- und Surfschule treffen sich alle, die über und unter Wasser Bescheid wissen – oder dies zumindest glauben. *Abends geschl., Playa de las Cucharas, €*

Tiananmen
Der alteingesessene Chinese an der Hauptstraße hält seit Jahren seinen guten Ruf. Wer also einmal Lust auf kulinarische Abwechslung hat, ist hier richtig. *Tgl. geöffnet, Centro Comercial Las Olas 4, Avda del Jablillo, Tel. 928 59 05 26, €€*

EINKAUFEN

Hot Stick
Die vielen Surfer brauchen natürlich auch einen Laden, damit sie etwas anzuziehen haben, wenn sie aus dem Neoprenanzug schlüpfen. Außerdem wird Surfzubehör geführt. *Centro Comercial Puerto Tahiche 6*

La Tierra
Hübsche, bunte Keramikartikel in ordentlicher Qualität. Auch der Timanfaya-Teufel von Manrique ist zu haben – in fünf verschiedenen Größen. *Plaza del Pueblo Marinero*

ÜBERNACHTEN

Gran Meliá Salinas
Das bekannteste Hotel der Kanaren erwarb sich seinen Ruf Ende der 70er-Jahre, schien aber zwei Jahrzehnte später doch etwas in die Jahre gekommen. Für den Eigentümer war dies Anlass, sein Aushängeschild umzubauen und zu restaurieren. Zwei Restaurants und ein Bodycenter wurden neu geschaffen. Außerdem wurden der Anlage neun exklusive Gartenvillen hinzugefügt; die größte verfügt sogar über einen eigenen Swimmingpool. *310 Zi., Avda Islas Canarias, Tel. 928 59 00 40, Fax 928 59 03 90, www.solmelia.com, €€€*

Lanzarote Gardens
Die ruhige, familienfreundliche Aparthotelanlage liegt fünf Gehminuten von Strand entfernt und ist schon etwas in die Jahre gekommen. 240 Apartments gruppieren sich um den schön begrünten Garten. Pool mit Kinderbecken, gut ausgestatteter Spielplatz. *Avda Islas Canarias 13,*

Tel. 928 59 01 00, Fax 928 59 17 84, www.h10.es, €€

Occidental Allegro Oasis
Pompös ist schon die Lobby des luxuriösen Hauses, in der mehrere verglaste Aufzüge scheinbar schwerelos auf und ab gleiten. Wem eines der 358 normalen Zimmer nicht gut genug ist, kann sich in einer der acht Luxussuiten einmieten. Zwei Pools, mit tropischen Pflanzen begrünter Garten. Ein beeindruckendes Hotel, das wegen seines umweltschonenden Betriebs als Biosphärenhotel ausgezeichnet wurde. *Avda del Mar, Tel. 928 59 04 10, Fax 928 59 07 91, www.occidental-hoteles.com, €€€*

Occidental Grand Teguise Playa
Auch hier beeindruckt eine üppig begrünte, mehrstöckige, offene Halle. Sie ist von Galerien umgeben, die zu den 314 Zimmern führen; eine kreisrunde Bar liegt in der Mitte. Das Großhotel internationalen Zuschnitts verfügt über mehrere Pools und direkten Zugang zur Playa del Jablillo. *Avda del Jablillo, Tel. 928 59 06 54, Fax 928 59 09 79, www.occidental-hoteles.com, €€€*

AM ABEND

Mit dem Nachtleben an der Costa Teguise ist es tatsächlich nicht allzu weit her. Wenn überhaupt, sind die Lokale nur am Wochenende mit jungen Leuten gut gefüllt. Die Szene orientiert sich vor allem am Geschmack englischer Touristen und besteht aus Pubs, oft mit Livemusik. Beliebt sind *Paradise, Jellyfish, Arms* und *Baobab (alle neben dem Centro Comercial Galeón gegenüber dem Hotel Teguise Playa)*. Alternative dazu sind die sympathische Kneipe *Chispas* oder für Freunde härterer Gangart das *Hook* im Piratenlook mit dröhnender Rockmusik. Beide liegen im Pueblo Marinero. Irische Livemusik bietet das *Shamrock* im *Centro Comercial Punta Jablillo.*

ZIELE IN DER UMGEBUNG

Arrieta **[109 E6]**
Das ehemalige Fischernest ist in den letzten Jahren stark gewachsen. Angenehm geschützt liegt der hübsche kleine Stadtstrand La Garita. Die einzige richtige Sehenswürdigkeit des Ortes ist jedoch die *Casa Juanita,* die von allen nur Blaues Haus genannt wird. Es wurde von einem Lanzaroteño, der in Venezuela zu Reichtum gekommen war, auf einer Klippe erbaut. Schon von weitem leuchten die tiefblauen Kassetten der Fassade herüber.

Ruhm genießen aber auch die Fischlokale Arrietas, die alle entlang der Calle La Garita liegen. Preisbrecher und Insider-Tipp ist das *Los Pescaditos* mit kleiner Klippenterrasse *(Mi geschl., Tel. 928 84 82 66, €)*. Sonntags wird Livemusik gespielt. Auf der Mole mit großem Schiffsfernrohr und Blick aufs Blaue Haus liegt das Lokal *El Charcón (Mi geschl., Tel. 928 84 81 10, www.lanzarote-charcon.com, €€)*.

Insider Tipp

Cueva de los Verdes **[109 F5]**
★ Die Cueva de los Verdes ist Teil eines 7,5 km langen Lavatunnels, des Túnel de la Atlántida. Die Höhle entstand beim Ausbruch des Monte Corona vor 5000 Jahren. Die gewaltigen Lavaströme, die da-

mals dem Meer entgegenflossen, erkalteten an der Oberfläche schnell, während das Magma darunter weiterströmte. Als die Eruptionen aufhörten, flossen die Reste hinaus und hinterließen so auf verschiedenen Ebenen Gänge und Hohlräume, die zusammen 40 m Höhe erreichen und weit ins Meer hinausgehen.

Zur Zeit der Piratenüberfälle diente die Cueva de los Verdes als Zufluchtstätte, da sie gut versteckt lag und einige Tausend Menschen fassen konnte. Im Jahr 1618 entdeckten algerische Freibeuter die Höhle durch Verrat und verschleppten Hunderte von Gefangenen in die Sklaverei.

2 km und 45 Minuten lang ist die geführte Tour durch die bizarre Welt im Innern der Lava. Raffinierte Beleuchtung und esoterische Musik lassen die Wanderung wie einen Traum erscheinen. Auf halbem Weg wird in einem weiten Auditorium Rast gemacht. Zum Schluss gibt's noch einen verblüffenden Effekt, der hier aber nicht verraten wird. *Tgl. 10–17 Uhr, Eintritt 8 Euro (inklusive Führung).* Ein Erlebnis sind die unregelmäßig stattfindenden Konzerte im Auditorium der Höhle *(www.cabildodelanzarote.com).* Insider Tipp

Guatiza [113 E2]

Kakteenfelder, so weit das Auge reicht. In und um Guatiza ist jedes freie Fleckchen mit den fleischigen Opuntien bepflanzt, die wie mit Puderzucker überzogen zu sein scheinen. Bauern mit tief sitzenden Basthüten gehen die langen Reihen ab. Eine alte Eukalyptusallee führt durch den Ort, der einst mit Läusen zu Wohlstand kam. Obwohl das große Geschäft mit der Naturfarbe vorbei ist, wird zwischen Guatiza und Mala immer noch fleißig geerntet, und man kann den Leuten bei der Arbeit zuschauen.

Am Dorfeingang geht rechts die Straße nach Los Cocoteros ab. Dort liegt eine der letzten noch betriebenen Salinen Lanzarotes. Sie ist leicht zu erkennen an den alten, windradgetriebenen Pumpen. In Hunderten von Wasserbassins der *Salina Los Cocoteros* verdunstet das Meerwasser und hinterlässt eine dicke Schicht feinen Salzes. Insider Tipp

Der ★ *Jardín de Cactus* am Ortsende widmet sich ganz der stacheligen Welt der Kakteen. 1420 verschiedene Arten hat César Manrique hier im weiten Kessel eines ehemaligen Steinbruchs am Fuß einer restaurierten Gofiomühle versammelt. Der Kaktusgarten war seine letzte Arbeit. Schwarze Lavasteinchen und hohe Steinsäulen verstärken noch das seltsame Ambiente. Man kommt sich vor wie in einer fremden Welt. Ein Lokal bietet typische Speisen, ein Shop verkauft Souvenirs. *Tgl. 10 bis 17.45 Uhr, Eintritt 5 Euro*

Jameos del Agua [109 F5]

★ Wie die Cueva de los Verdes gehören die Jameos del Agua zum Tunnelsystem Atlántida. Durch zwei große Einbrüche *(jameos)* der Lavadecke, die die Höhle zugänglich machen, warfen bis Ende der 60er-Jahre die Bauern ihren Müll. Es ist César Manrique zu verdanken, dass die Jameos gereinigt und für die Nachwelt gerettet wurden. Er formte aus dem Naturdenkmal ein bezauberndes Kunstwerk.

Sie steigen hinab durch einen breiten Trichter, dessen Wände mit subtropischen Pflanzen bewachsen sind. Im terrassenförmig angelegten Restaurant können Sie mit Blick auf einen verwunschenen Salzwassersee essen. Im See leben weiße Minikrebse. Da diese Art ausschließlich im Dunkeln lebt, haben sich die Augen vollständig zurückgebildet. Eine Hinweistafel warnt davor, Münzen ins Wasser zu werfen. Die blinden Krebse würden durch die entstehenden Metalloxide vergiftet. Hinter dem meditativen See legte Manrique im gleißenden Sonnenlicht, das durch das zweite Loch in der Lavadecke hereinfällt, einen blendend weißen Pool mit türkis schimmerndem Wasser an. Ihm folgt in der nächsten Tunnelröhre ein Auditorium mit exquisiter Akustik. Hier werden regelmäßig Konzerte (z.T. mit Folkloreshow) angeboten. *Tgl. 10–18 Uhr, Eintritt 8 Euro, Di/Fr und Sa auch 19–3 Uhr (mit Folkloreshow), Eintritt 9 Euro*

Orzola **[109 E–F3]**

Der kleine Fischerhafen im äußersten Inselnorden ist schon deshalb einen Besuch wert, weil dort die Atlantikbrandung oft mit ungeheurer Kraft gegen die Felsen donnert. Im Ort finden sich einige rustikale Fischrestaurants. Fangfrisch ist die Meeresbrut im Restaurant *Charco Viejo (tgl. geöffnet, Calle La Quemadita 8, Tel. 928 84 25 91,* **€€***)* und in der *Perla del Atlántico.* Am Wochenende genießen hier viele Einheimische die typische, schmackhafte Küche *(abends geschl. außer im Sommer, Calle Peña San Dionisio 1, Tel. 928 84 25 89,* **€€***).*

In der Nähe des Dorfes liegen einige schöne Strände. Die spektakuläre *Playa de la Cantería* unterhalb des steil aufragenden Famara-Massivs lässt sich auf einer hübschen Wanderung erreichen. Für Schwimmer sind indes die in südöstlicher Richtung liegenden Sandstrände Insider Tipp

Traumhaft: das Schwimmbad am Ausgang der Höhle Jameos del Agua

Tahiche: Manrique hat sich sein Wohnzimmer in einer Lavablase gestaltet

am *Caletón Blanco* besser geeignet. Pittoresk ist dort der Kontrast zwischen den schwarzen Lavafelsen und dem beinahe weißen Sand.

Tabayesco **[109 E6]**
In der Mündung des fruchtbaren Valle de Temisa liegt der Ort inmitten steil ansteigender Terrassenfelder mit Gemüseanbau. Die Dörfler pflanzen in ihren Gärten Avocados und Mandelbäume, ernten Orangen und die auf Lanzarote sehr seltenen Bananen. Eine abenteuerliche Straße führt hinauf ins Famara-Gebirge.

Tahiche **[112–113 C–D4]**
Wer mehr über Visionen und Schaffen von Lanzarotes größtem Künstler, César Manrique, erfahren möchte, kommt an Tahiche nicht vorbei. Gleich neben dem Kreisverkehr, den ein großes Manriquemobile aus Edelstahl ziert, befindet sich die ★ *Fundación César Manrique* in dessen ehemaligem Wohnhaus. Ein großer Teil der Kunstwerke des Meisters ist hier ausgestellt. Doch schon sein ungewöhnliches Haus ist sehenswert. Ein Teil der unterirdischen Salons wurde in futuristisch wirkende Lavablasen hineingebaut. Seit 1992 ist das einzigartige Haus der Öffentlichkeit zugänglich. *Winter Mo–Sa 10–18, So 10–15, Sommer tgl. 10–19 Uhr, Eintritt 7 Euro, www.fcmanrique.org*

Yé **[109 E4]**
Unter dem monumentalen Panorama des erodierten Monte Corona, dessen zerfetzter Kraterrand tatsächlich an eine Krone *(corona)* erinnert, klebt das Dörfchen Yé gut 400 m hoch am Berghang. Bei der Anfahrt von Arrieta passieren Sie vor dem Ort das ehemalige Weingut La Torrecilla del Domingo. Sie

können es erwerben: Es gehört einem Deutschen und steht bereits seit langem zum Verkauf.

Das Restaurant *Volcán de la Corona* nahe der Kreuzung bietet frische Fisch- und Ziegengerichte in rustikalem Ambiente. *Abends geschl., Tel. 928 52 65 35, €€*

ISLA GRACIOSA

[108–109 C–E 1–3] ★ Wer von Orzola zur kleinen Insel La Graciosa übersetzt, sollte nicht leicht seekrank werden, denn nach Verlassen der Mole geht es während der ersten 10 Minuten in den hohen Wellenbergen des offenen Atlantik meist recht wild zu. Die Meerenge El Río beschert dem Fährboot dann jedoch ein ruhigeres Gewässer.

Die Ruhe setzt sich an Land fort. Während des gesamten Aufenthalts auf La Graciosa umfängt die Besucher tiefe Stille. Die Insel ist ein sympathisches Relikt aus der Vergangenheit. So oder ähnlich sah es überall auf den Kanaren aus, ehe der Tourismus einsetzte. Der Hauptort *Caleta del Sebo* **[109 D3]** besteht nur aus einigen schmucklosen Häusern und wenigen, rechtwinklig angelegten Straßen, die alle ungeteert sind. Es gibt auf La Graciosa ohnehin nur wenige Geländewagen. Die Zeit scheint an dem Eiland vorbeigezogen zu sein, und den Einwohnern ist es wohl recht so. Mit Erfolg haben sie sich bislang jedem Ansinnen widersetzt, Tourismus im großen Stil aufzuziehen. Hohen Erholungswert spürt man indes an allen Ecken und Enden. Die Playa de Francesa, die Playa de la Cocina und vor allem die im Norden liegende Playa de las Conchas zählen zu den schönsten und einsamsten Stränden des Kanarischen Archipels. So bleibt La Graciosa weiter den wenigen Strandläufern, Wanderern, Vogelbeobachtern und Ruhesuchenden vorbehalten – vorerst zumindest.

Gesichert scheint jedenfalls, dass die anderen, noch kleineren Inseln des Chinjo-Archipels auf lange Zeit unberührt bleiben werden. Alegranza und Montaña Clara sind nicht nur geschütztes Naturreservat, sondern auch viel zu wild und zu weit abgelegen, um Reiseveranstaltern Gewinn zu versprechen.

Personenfähren (kein Autotransport) der Líneas Marítimas Romero tgl. von Orzola um 10, 12 und 17 Uhr (Sommer auch 18.30 Uhr), von La Graciosa um 8, 11, 16 Uhr (im Sommer auch 18 Uhr). Überfahrt hin und zurück 13 Euro

ESSEN & TRINKEN

Die beiden unten genannten Pensionen führen in ihrem Erdgeschoss auch einfache, gute Restaurants (€). Ebenfalls gut ist das *El Marinero* nahe der Kirche *(Calle García Escamez 11)*. Etwas moderner und teurer (€€) ist das *El Varadero* gleich am Fähranleger. Ein Stück weiter ortseinwärts am Hafenbecken liegt die Bar *El Chiringuito*. Dort treffen sich die Leute von der Insel, Fischer und alle, die ein bisschen müßig gehen.

ÜBERNACHTEN

Pension Enriqueta
Die einfache Pension liegt direkt in der Ortsmitte. *8 Zi., Calle Barlovento 6, Tel. 928 84 20 51, Fax 928 84 21 29, €*

Pension Girasol Playa
Die »Sonnenblume« bietet gleichfalls acht einfache Zimmer ohne jeden Luxus. Die 3 Euro mehr für ein Zimmer mit Balkon sind gut investiert. Schöner Hafenblick. *Calle García Escamez 1, Tel. 928 84 21 18, www.graciosaonline.com, €*

WANDERUNGEN

Auf La Graciosa ist eine ganze Reihe kleiner und größerer Wanderungen möglich. Wer es sich zutraut, kann auch einen der Vulkankegel über eine flachere Seite ersteigen, so etwa die *Montaña del Mojón* **[109 D3]** in der Inselmitte und die *Montaña Bermeja* **[109 D2]** im Norden. Die Insel ist indessen zu groß, um sie an einem Tag gänzlich kennen zu lernen. Als nicht zu anstrengende Wanderungen bieten sich zwei abwechslungsreiche Rundtouren an.

Insider Tipp **Nordroute**
Durch die Mitte der Insel führt von Caleta aus ein Fahrweg zwischen den Vulkankegeln der Montaña Mojón und den Agujas Grandes hindurch direkt bis zur *Playa de las Conchas* **[109 D2]**. Der Strand gilt als einer der schönsten der Kanaren. Baden ist allerdings auch für geübte Schwimmer wegen starker Wellen und Strömungen gefährlich. Unterhalb der Montaña Bermeja wendet man sich zur Nordküste und erreicht die spektakuläre Dünenlandschaft bei der *Playa Lambra* **[109 D–E2]**. Erstaunlich sind die Abermillionen Schneckenhäuser, die stellenweise den Sandboden fast völlig bedecken. Zurück geht es über die nicht ständig bewohnte, kleine Ortschaft *Pedro Barba* **[109 E2]** und dann mit dem Meer immer zur Linken bis zum Hafen von Caleta. *Ca. 16 km bzw. 4 Std.*

Südroute
Auf der Südroute verlassen Sie Caleta del Sebo entlang dem Hafenbecken und erkennen gleich bei der hübschen *Playa del Salado* **[109 D3]** eine Piste, der Sie folgen. Weiter südlich belohnen zwei noch schönere Strände, die *Playa Francesa* **[109 D3]** und die *Playa de la Cocina* **[108 C3]**, für die Wanderung in der heißen Sonne. Weiter geht es etwas zurück und landseitig unterhalb der *Montaña Amarilla*, des Gelben Berges, vorbei zur Westküste. Dort trifft man wieder auf einen Fahrweg, der zuerst an Gemüsefeldern vorbei und dann, mit der Montaña del Mojón immer rechter Hand, nach Caleta del Sebo zurückführt. *Ca. 10 km bzw. 2,5 Std.*

ZIEL IN DER UMGEBUNG

Alegranza **[0]**
Das unwirtliche, 12 km² große Eiland ist heute nicht mehr bewohnt. Wie der gesamte Archipel steht es unter Naturschutz. Das Meeresleben ist unberührt und vielfältig. Auch nisten auf der Insel viele seltene Vogelarten. Die kleinere Nachbarinsel La Graciosas zu besuchen ist aufwändig. Man muss in Caleta del Sebo **[109 D3]** einen Fischer dafür gewinnen hinüberzufahren.

TEGUISE

[112 C2] Es ist wie eine Zeitreise, wenn Sie zum ersten Mal nach Teguise (14 000 Ew.) kommen: Adelshäuser mit hohen Holzportalen grüßen, durch enge Gassen gelangen Sie zu ehrwürdigen Kirchen und weiten Plätzen. Wenig deutet darauf hin, dass fast 600 Jahre seit der Gründung der Real Villa, der königlichen Stadt von Teguis, vergangen sind. Maciot de Béthencourt baute 1428 die erste Kolonialstadt der Kanaren auf den Resten von Aldea Grande, einer noch älteren Majosiedlung, und benannte sie nach seiner Frau, einer Majoprinzessin. Bis 1852 blieb Teguise Inselhauptstadt. Mächtige Familien wie die Herrera und Feo Peraza errichteten sich hier Stadtpaläste.

Warum dort oben, fern der Küste, fragt sich mancher. Kühle Passatwinde fegen durch die Straßen, oft hängen die Wolken tief, stets ist es kälter als am Meer. Doch schon die Ureinwohner wussten, warum: Im Winter schoss der lebensnotwendige Regen vom benachbarten Berg Guanapay herab, den Bauern direkt vor die Haustür. In einer riesigen unterirdischen Zisterne, der *Gran Mareta,* wurde das Wasser gesammelt. Diese Kavernen wurden 1992 restauriert, sind der Öffentlichkeit aber leider nicht zugänglich. Die Spanier wiederum glaubten sich im Binnenland sicherer vor Piratenangriffen, zumal im Schutz jener mächtigen Burg, des Castillo Santa Bárbara, das sie nebenan auf dem Guanapay errichteten.

Doch weit gefehlt! Immer wieder wurde Teguise von See her angegriffen. Eine Tafel in der Blutgasse, der *Callejón de Sangre,* hinter der Pfarrkirche Nuestra Señora de Guadalupe erinnert an ein Massaker, das algerische Freibeuter im Jahr 1586 verübten. 1618 brannten Seeräuber den Ort völlig nieder. Die ältesten erhaltenen Gebäude stammen daher erst aus dem 17. Jh. Ihrer Pracht tut dies freilich keinen Abbruch. Seit 1973 steht der gesamte historische Ortskern mit seiner einmaligen Architektur unter Denkmalschutz.

Isla Viva

Stilvoll wohnen auf dem Lande in Häusern von damals mit dem Komfort von heute

Isla Viva ist eine etwas andere Reiseagentur in Teguise. Sie vermittelt inseltypische, alte Häuser, die zuvor liebevoll renoviert wurden. Dreizehn stilvolle Unterkünfte sind inzwischen im Programm von Isla Viva. Alle liegen in oder in der Nähe von Dörfern, aber deutlich von jeder Touristensiedlung entfernt. Einige haben Meerblick, manche auch einen Pool, und alle sind für Selbstversorger voll ausgestattet. Die Preise liegen zwischen 500 und 1100 Euro pro Woche und beinhalten einen Mietwagen sowie den persönlichen Empfang am Flughafen. *Isla Viva, Di–Fr und So 10–13 Uhr, Calle Flores 1, 35530 Teguise, Lanzarote, Tel. 928 84 57 23, Fax 928 84 57 61, info@islaviva.com, www.islaviva.com*

Teguises Hauptplatz mit der Kirche Nuestra Señora de Guadalupe

Heute lebt Teguise zwei Leben. Wochentags wirkt es oft wie ausgestorben. Nur wenige Kinder spielen auf der ★ *Plaza de la Constitución,* dem grandiosen Areal zwischen dem ehemaligen Kornspeicher La Cilla und der Kirche, von deren Vorplatz aus zwei steinerne Löwen zum Palacio de Spínola (18. Jh.) hinüberstarren. Einzelne Frauen kaufen ein, ein paar Männer sitzen in Bars zusammen. Deutlich wird dann die museale Seite Teguises: gut erhalten und geschichtsträchtig, doch leblos. Viele Häuser stehen leer. Die meisten Einheimischen arbeiten tagsüber in den Ferienzentren.

Sonntags dagegen platzt Teguise aus allen Nähten. Dann ist Markttag. Der *Mercadillo* ist eine der großen Attraktionen Lanzarotes. Zu Tausenden werden die Urlauber in Bussen herangekarrt, Dutzende von Händlern verhökern Nippes aus aller Welt. Folkloregruppen spielen zur Unterhaltung auf. Straßen und Plätze, ja der ganze Ort gleicht nun einem orientalischen Basar. In den Bars rangeln sich die Besucher um Getränke, die oft deutlich teurer sind als inselüblich. Die Mareta, der triste Platz über den antiken Zisternen, steht rappelvoll mit Imbissbuden. Obwohl der Trubel mit authentischem Inselleben nichts zu tun hat, ist der Mercadillo doch für viele ein Erlebnis, denn ein solch turbulentes, buntes Treiben gibt es nirgends sonst auf Lanzarote. Am Sonntagabend fällt Teguise dann wieder in seinen Dornröschenschlaf.

SEHENSWERTES

Castillo Santa Bárbara

Schon aus der Ferne ist die kleine, aber wuchtige Festungsanlage auf dem Vulkan Guanapay außerhalb von Teguise zu erkennen. Man erreicht sie über eine

Teerstraße, die von der Landstraße Richtung Haría am Ortsende nach rechts abzweigt. Die Festung wurde im 16. Jh. zum Schutz vor Piratenüberfällen erbaut, bis zu tausend Menschen fanden in ihren Mauern Zuflucht.

Der Weg ins Innere führt über eine freistehende Steintreppe mit anschließender Zugbrücke. Santa Bárbara wurde in den 70er- und 80er-Jahren aufwändig restauriert. Seit 1991 ist hier das *Kanarische Auswanderermuseum* untergebracht. Exponate und Dokumente veranschaulichen das Schicksal der Emigranten im 19. und frühen 20. Jh. Vom Dach aus bietet sich ein herrlicher Blick über die Nordhälfte der Insel. *Sa/So 10–15, Mo–Fr 10–16 Uhr, Eintritt 3 Euro*

La Cilla

Diese einstige Zehntscheune, erbaut im 17. Jh., nahm früher das Steuergetreide auf, das Lanzarote dem Bischof auf Gran Canaria abzuliefern hatte. Das Haus an der Plaza beherbergt heute eine Sparkasse. *Mo–Fr 8–14, Do auch 17.30 bis 19.30 Uhr*

Convento San Francisco

Die ehemalige Klosterkirche, die – typisch für die Gotteshäuser auf den Kanaren – unterschiedlich lange Kirchenschiffe aufweist, birgt eine Ausstellung mit sakraler Holzschnitzerei. Ebenfalls sehenswert ist die kunstvoll geschnitzte Holzdecke im Mudéjarstil. *Nur noch sporadisch geöffnet, am ehesten So, Eintritt 2 Euro*

Convento de Santo Domingo

In der Kirche des ehemaligen Dominikanerklosters (gegründet 1726) finden heute wechselnde Ausstellungen moderner kanarischer Kunst statt – ein interessanter Kontrast zu dem alten Kirchenschiff. *So 10–14, Mo–Fr 10–15 Uhr, Eintritt 1,50 Euro*

Gran Mareta

Diese einst größte Zisterne Lanzarotes speicherte das Regenwasser, das den Guanapay herabströmte. Später versandete sie, wurde mit Inbetriebnahme der Meerwasserentsalzungsanlagen überflüssig und schließlich zubetoniert. Heute dient der weite Platz hinter der Pfarrkirche für Veranstaltungen und bietet den Ständen des großen Sonntagsmarkts Raum.

Iglesia de Nuestra Señora de Guadalupe

Die ursprünglich im 15. Jh. erbaute und 1680 nach der Zerstörung durch Piraten neu errichtete Pfarrkirche an der Plaza ist der sowohl in Spanien als auch in Südamerika verehrten Jungfrau von Guadalupe geweiht. Die imposante Fassade mit dem mächtigen Turm aus Naturstein trägt wesentlich zu der schönen Stimmung auf der palmenbestandenen Plaza de la Constitución bei. Nach einem Brand im Jahr 1909 erfolgte eine Restaurierung, deren neugotischer Stil nach heutiger Auffassung nicht zur Verschönerung des Kircheninnern beitrug.

Palacio Marqués de Herrera y Rojas

Der äußerlich unscheinbare Palast (1455) weist einen schönen, überdachten Innenhof auf. Im Vorraum ist eine Ausstellung der örtlichen Handwerksschule untergebracht. Der Eintritt ist kostenlos, es können allerdings nicht alle Räume besichtigt werden. *Mo–Fr 8–15 Uhr, Calle José Betancort*

Palacio de Spínola

Das wertvollste Schmuckstück des alten Teguise ist der Palast der Spínolas an der Plaza, erbaut zwischen 1730 und 1780 von dem Adligen und Politker José Feo Peraza. Den heutigen Namen erhielt der Bau erst gegen Ende des 19. Jhs. Die gesamte Einrichtung blieb hervorragend erhalten. Beeindruckend ist vor allem der verschwenderische Einsatz edler Hölzer an den wuchtigen Portalen und den massiven, versiegelten Holzböden. Hübsch sind auch der Patio mit dem Brunnen und der überhängenden Bougainvillea sowie das Esszimmer, das stets so gastlich eingedeckt ist, als erwarte man hier wichtigen Besuch. Im hinteren Teil des Palacio befindet sich die Küche mit einem offenen Kamin und der gut 2 m breiten Esse, daran angrenzend gibt es einen weiteren Innenhof, den Palmen und ein alter Feigenbaum beschatten. *Mo–Fr 9–15 und So 10 bis 15 Uhr, Eintritt 3 Euro*

ESSEN & TRINKEN

Acatife

Einer der Klassiker unter Lanzarotes Restaurants, untergebracht in altehrwürdigem Gemäuer. Eine ausgezeichnete, traditionelle Kost wird serviert – zu entsprechenden Preisen. *Mo geschl., Calle San Miguel 4, Tel. 928 85 50 37, €€*

Insider Tipp **La Bodeguita del Medio**

Große Weinfässer sorgen für eine rustikale Atmosphäre in der kleinen Bar. Draußen auf der Plaza kann man auf Holzhockern angenehm Kaffee trinken. Zudem werden gute Tapas gereicht. *Sa abends und So abends geschl., Plaza Clavijo y Fajardo 5, €*

La Galería

Tapasbar mit jugendlichem Publikum. Auch kleine Gerichte internationalen Zuschnitts sind zu haben. *So, Mo und abends (außer Sa) geschl., Calle Nueva 8, €*

Patio del Vino

Der alte Palacio del Marqués ist schon länger in deutschem Besitz. Der Eigentümer restaurierte ihn aufwändig und eröffnete 1998 ein beachtliches Patiorestaurant. Auf Anfrage werden dort auch exklusive Diners im kleinen Kreis ausgerichtet. Der Wirt ist stolz auf seinen wertvollen Weinkeller. Abends und Sa geschl., *Calle Herrera y Rojas 9, Tel. 928 84 57 73, €€€*

La Tahona

Das neben dem Convento de Santo Domingo gelegene Lokal führt noch so urtypische kanarische Gerichte wie *sancocho* (Fisch) und *ropa vieja* (Eintopf) auf seiner Speisekarte. *Tgl. geöffnet, Calle Santo Domingo 3, Tel. 928 84 58 92, €€*

EINKAUFEN

Teguise war schon immer ein Zentrum kanarischer Kultur. In den letzten Jahren sind außerdem immer mehr Künstler und Kunsthandwerker aus Mitteleuropa zugezogen. Nicht nur sonntags lohnt der Besuch: Der Ort bietet in etlichen Läden eine große Auswahl an Handwerk, Schmuck und Gemälden, von Hobby- bis Profiqualität.

La Lonja Exclusiva
Der kleine Laden verkauft autorisierte Kopien von Werken César Manriques. *Tgl. 12–17 Uhr, Plaza de 18 de Julio*

Mercadillo
Beim großen Sonntagsmarkt findet man neben Kunst und Kitsch auch Alltagsartikel wie Secondhandkleidung, Schuhe oder frisches Obst. Eine gute Gelegenheit auch, Leckeres aus bäuerlicher Produktion zu probieren: die pikante Paprikawurst *chorizo* z.B. oder *turrón*, eine Süßspeise in vielen Variationen. *So 9–14 Uhr. Von den Ferienzentren und Arrecife aus verkehren Busse. Erfragen Sie die Zeiten bei der Reiseleitung. Die für PKW eingerichteten Parkplätze vor der Stadt sind kostenpflichtig.*

Timples
Antonio Lemes Hernández ist einer der letzten, der die berühmten kanarischen Gitarren baut. In seiner einfachen Werkstatt hat er sein Leben lang Monat für Monat etwa 15 Instrumente zusammengesetzt, und er versichert, dass es auch so weitergehen wird. Er beliefert viele Musikgruppen auch auf anderen kanarischen Inseln. Hergestellt werden verschiedene Größen von der Minitimple bis zur Kontratimple. Ein Standardinstrument kostet 70–100 Euro. Wertvollere Modelle mit Perlmutteinlagen und Intarsien kommen auf 170–260 Euro. *Tgl. unregelmäßig geöffnet, Calle Flores 8*

ÜBERNACHTEN

Estudio Chimida
Im Seitentrakt einer Finca des 19. Jhs. und nur fünf Gehminuten vom Ortszentrum entfernt liegt diese Wohnung, die die Agentur *Isla Viva* im Angebot hat. Sie ist gemütlich und komplett für Selbstversorger eingerichtet und verfügt auch über eine Heizung. *Buchung: Isla Viva, Plaza Clavijo y Fajardo 4, 35530 Teguise, Tel. 928 84 57 23, Fax 928 84 57 61, www.islaviva.com,* €€

Altes Handwerk: Timpleherstellung

ZIELE IN DER UMGEBUNG

Ermita de las Nieves [113 D1]
Schneeweiß thront die Wallfahrtskapelle »des Schnees« hoch oben auf dem Risco de Famara. Eine flache Mauer umhegt den grünen Kirchgarten auf dem ansonsten kahlen Grat. Die Kapelle ist der Virgen de las Nieves gewidmet; die Jungfrau wird seit alters um den auf Lanzarote so seltenen Regen angefleht. Nur wenige Meter entfernt hat man einen der herrlichsten Pa- Insider Tipp

noramablicke der Insel. Fast lotrecht fallen die Klippen 600 m zum Meer ab. Gut zu sehen sind die Inseln La Graciosa und Montaña Clara, unten die Playa de Famara, dann Teguise und am Horizont die Timanfaya-Vulkane. *Anfahrt oberhalb des Windkraftparks links*

Haría **[109 D5]**

★ Afrikanisch mutet es an, wenn plötzlich vor Ihnen das Tal der tausend Palmen am Fuße der Famara-Berge auftaucht. Unzählige Exemplare der breitkronigen Kanarischen Palme stehen locker verteilt zwischen Gruppen weißer, flacher Häuser. Haría (3000 Ew.) ist der freundlichste Ort Lanzarotes. Hier leben die Menschen noch wie einst, spielt sich der Alltag auf Straßen und Plätzen ab. Kein Wunder, dass sich César Manrique im Alter hierher zurückzog. Er liegt auf dem Friedhof des Dorfes begraben.

Wer sich durch Haría treiben lässt, entdeckt in verträumten Gassen alte Villen mit üppig begrünten Patios, kleine Geschäfte und Bars, in denen immer etwas los ist. Die Plaza León y Castillo vor der Ortskirche mit ihren schattigen Birkenfeigenbäumen und den grasgrünen Holzbänken ist der ideale Ort zum Entspannen.

Im Handwerkszentrum *Taller Municipal de Artesanía (Sommer tgl. 10–13.30 und 16–19 Uhr, Winter 10–13.30 und 15–18 Uhr)* nahe der Plaza de la Constitución stellen Frauen nach alter Tradition Stickereien und Umhänge her. Don Eulogio, der letzte Korbflechter Lanzarotes, fertigt mit flinker Hand Körbe und Behälter aus Palmwedeln.

Insider Tipp In der neuen Stadtgalerie El Aljibe *(Mo–Sa 10–15 Uhr)*, dem ehemaligen Wasserspeicher unter der Plaza, werden wechselnde Ausstellungen gezeigt.

Lecker speist man im *Dos Hermanos*, wo hervorragende Ziegengerichte gereicht werden *(tgl. geöffnet, Tel. 639 13 11 41, €–€€)*. Fröhlich-laut ist die *Cafeteria Ney-Ya* zwischen beiden Plätzen Harías *(Di geschl., €)*.

Mirador de Guinate **[109 D4]**

Kaum weniger spektakulär als am Mirador del Río – aber dafür umsonst – ist der Blick vom Mirador de Guinate in der Nähe des kleinen Dorfes Guinate.

Mirador del Río **[109 E3]**

★ Sagenhaft ist der Blick von der ehemaligen Festungsanlage Batería del Río im äußersten Norden Lanzarotes. In 479 m Höhe balanciert der Bau auf der Steilküste. Weit unten schimmern rot und braun die Becken der ehemaligen Saline. Kilometerweit schaut man durch Panoramascheiben hinüber auf die Inseln La Graciosa und Alegranza. Die Anlage von 1974 mit kleinem Lokal und Souvenirshop, war eines der ersten Werke Manriques. Sie passt sich perfekt in die Umgebung ein. Insider Tipp Wer sich 200 m links von der Straße aus der Steilküste nähert, sieht allerdings genauso gut und spart 4,70 Euro Eintritt. *Tgl. 10–17.45 Uhr*

Nazaret **[112 C3]**

In einer verwinkelten Villa im ehemaligen Steinbruch in Nazaret lebt der Architekt Dominik von Böttinger. Er erwarb das Haus, das ursprünglich für den Schauspieler Omar Sharif geplant war, bis dieser es beim Bridge verlor. Nach und nach baute der

Ein Blick vom Mirador del Río auf die Insel La Graciosa

Deutsche die mit Höhlen durchzogene Felswand aus. Das Restaurant *LagOmar* im Zentrum ist preisgekrönt für seine mediterrane Küche. Toll die Anlage mit Höhlen, Tunneln und unterschiedlichen Ebenen, die sich um einen künstlichen See gruppieren. In zwei im Fels liegenden, modern möblierten Gästehäusern mit Terrasse, Pool und Traumblick ins Land urlaubt man wie ein Hollywood-Star (€€). *Mo geschl., Calle Los Loros 6 (dem Wegweiser »Museo« folgen), Tel. 928 84 56 65, Fax 928 84 53 69, www.lag-o-mar.com, €€€*

Playa de Famara [113 D1]

Der Famara-Strand ist der bei weitem längste auf Lanzarote und auch landschaftlich am schönsten eingebettet. Die Lage unterhalb des hohen, schroffen Famara-Massivs, umgeben von Dünen und dem wild anbrandenden Atlantik, beeindruckt alle, die hierher kommen. Allerdings weht oft starker Wind. Viele Strandbesucher verstecken sich deshalb hinter selbst gebauten kleinen Windschutzwällen. Beachten Sie unbedingt die Beflaggung am Strand: Rot bedeutet »Baden verboten«! Gefährliche Strömungen fordern jedes Jahr Menschenleben.

Die aus flachen, schon etwas älteren Bungalows bestehende Siedlung *Playa Famara* ist nicht mehr ganz auf der Höhe der Zeit, liegt aber grandios am Berghang. 50 Apartments stehen zur Verfügung. *Rezeption geöffnet Mo–Fr 9–13 und 16–19.30 Uhr, Sa 9–12 und 17–19, So 10–12 und 17 bis 19 Uhr, Tel. 928 84 51 32, Fax 928 84 51 34, La Caleta, €€*

Im Ort La Caleta gibt es mehrere Bars und Restaurants. In der Croissantería (*tgl. geöffnet, €*) frühstücken die Surfer. Empfehlenswert ist die *Casa García* mit hellem, begrüntem Speisesaal und Terrasse, *Mi geschl., Avda El Marinero 1 (am Ortseingang links), Tel. 928 52 85 76, €€.*

Grüner Wein und schwarze Lava

Das Zentrum Lanzarotes umfasst eine einzigartige Kulturlandschaft

Der hellgrüne Weinstock liegt in einem Trichter, etwa 2 m tief, umgrenzt von einer aus grauen Steinen fein geschichteten, halbrunden Mauer. Der Boden ist schwarz, tiefschwarz wie Schlacke aus einem Hochofen. Das Grün der Pflanze leuchtet so stark vor dem dunklen Hintergrund, dass man sie fast für eine billige Plastikimitation halten könnte. Doch das hier ist kein Spleen eines Kleingärtners, sondern geschickt gewonnenes Kulturland auf großer Fläche. Tausende von Weinstöcken ducken sich so in ihre kleinen Krater, jeder durch eine eigene Trockenmauer geschützt. Wie das Werk eines Grafikdesigners zieht sich das Weinbaugebiet durch die Senke und wirkt dabei so surreal, dass das New Yorker Museum of Modern Art der ganzen Landschaft bereits eine eigene Ausstellung widmete. Aber kann Landwirtschaft auf so eigenartige Weise funktionieren?

Tatsächlich kann sie es, und zwar sehr erfolgreich. Um die Trauben in dem staubtrockenen Inselklima mit seinen starken Passatwinden überhaupt zur Reife zu bringen, sind die Myriaden kleiner Lavakörner, aus denen der Boden besteht, unentbehrlich. Durch und durch porös, saugen die Lapilli genannten Steinchen die Feuchtigkeit aus dem Seewind, der nachts über La Geria streicht, und geben das Wasser tagsüber nach und nach an den Untergrund und an die Wurzeln der Weinstöcke ab. Nur mit dieser einmaligen Anbaumethode ist hier die Kultivierung von Früchten überhaupt möglich.

Weinreben gedeihen im Trockenfeldbau in der Region La Geria

Der Yachthafen von Puerto Calero

Das Ergebnis dieses *enarenado*-Anbaus zwischen Uga und Masdache kann sich sehen – und verkosten – lassen. Entlang der schmalen Landstraße stehen viele Bodegas, in denen es nach dem erdigen Wein duftet. Die traditionelle Malvasiertraube wird mehr und mehr durch andere Rebsorten ersetzt, die trockenere, leichtere Tropfen ergeben.

Verleugnen kann Lanzarotes Wein seine Herkunft aber nie. Während die Rotweine mit denen Festlandspaniens nur schwer mithalten können, entlocken die Lanzaroteños den weißen Trauben einen herrlich frischen Weißwein, der besonders die vielen Fischgerichte und die kräftig schmeckenden kanarischen Saucen hervorragend abrundet.

Die südliche Küstenzone in Lanzarotes Mitte ist deutlich vom Tourismus um Puerto del Carmen geprägt. Die stark gewachsenen einstigen Bauerndörfer Mácher, Tias und San Bartolomé sind freundliche, aber wenig spektakuläre Orte.

Nördlich von La Geria dagegen, bis zur Küste zwischen La Santa und Sóo, gilt für Land und Leute noch der Rhythmus alter Traditionen. Von dort kommen die herrlich fruchtigen Tomaten und die schneidend scharfen Zwiebeln, die jede *ensalada mixta* zu einem Ereignis machen. Auch die kleinen, fest kochenden Kartoffeln, die die Inselköche für ihre runzligen *papas arrugadas* brauchen, werden hier angebaut. Die Region um Mancha Blanca und Tinajo ist eindeutig noch in Bauernhand. Die Felder sind exakt parzelliert, die grünweißen Dörfer gut in Schuss. Die Häuser erfreuen mit gepflegten Gärten, in denen meterhohe Wolfsmilchkandelaber und Weihnachtssterne wachsen. Unübersehbar ist auch, dass der Tourismus Geld auf die Insel brachte. Noch in den 70er-Jahren war die Region von Armut gekennzeichnet.

Erfreulicherweise haben die Einnahmen aus dem Fremdenverkehr dazu beigetragen, das kulturelle Erbe zu pflegen. So erstrahlt die Kirche der Inselpatronin Nuestra Señora de los Volcanes hübsch restauriert und in blendendem Weiß am Ortsausgang von Mancha Blanca, und das einstige bäuerliche Anwesen, das eines der besten Museen der Kanarischen Inseln, das Museo Agrícola El Patio, birgt, wäre andernfalls heute vielleicht nur eine heruntergekommene Ruine.

PUERTO DEL CARMEN

Karte in der hinteren Umschlagklappe

[115 F4] Das einstige Fischerdorf hat sich zu einem Tourismuszentrum ersten Ranges gemausert. Der Ort teilt sich in ein älteres Viertel um den Fischerhafen und weit ausufernde Feriensiedlungen im Norden. Der wichtigste Grund für die rasante Entwicklung der Stadt sind die grandiosen Strände, an denen man in sauberem Wasser fast immer gefahrlos baden kann. Die über 1 km lange Playa Blanca war der erste Strand, der touristisch erschlossen wurde. Darauf folgten in östlicher Richtung die Playa de los Pocillos und die Playa Matagorda, an denen weniger Trubel herrscht. Dafür liegen sie aber schon nahe an der Einflugschneise des Flughafens.

Über 7 km ziehen sich heute mit kleinen Unterbrechungen die Bars, Spielsalons und Einkaufszentren entlang der ebenso langen Avenida de las Playas hin, das Mekka all der Urlauber, die nicht zum Nichtstun kommen, sondern um etwas zu erleben. Dennoch mag manchem der Rummel anfangs ein wenig zu viel erscheinen. Wer aber die große Sause entlang der Strandpromenade in Richtung obere Ortsteile hinter sich lässt oder in einem der großen, zur Straße hin abgeschirmten Hotels wohnt, findet auch da sein ruhiges Urlaubsplätzchen.

Puerto del Carmen bietet tatsächlich jedem etwas. Besonders im alten Ortskern am Fischerhafen tritt die Hektik schnell in den Hintergrund. Morgens sortieren die Fischer neben ihren Booten Kisten voll silbern glitzernder Sardinen, den Fang der letzten Nacht. Tagsüber treffen sich stets ein paar einheimische Angler an der Kaimauer. Abends, im weichen Licht der untergehenden Sonne, holen Petanquespieler ihre schweren Eisenkugeln für ein Spielchen heraus. Und wenn in der kleinen Kirche Nuestra Señora del Carmen – die man vor lauter Fischrestaurants kaum mehr findet – die Messe beginnt, dann stehen die Gläubigen bis hinaus auf die Straße – Einheimische wie Fremde.

ESSEN & TRINKEN

Über 200 Restaurants zählt das quirlige Puerto del Carmen. Nicht alles, was da glänzt, ist auch gut; vor allem an der Avenida de las Playas, wo man mit Blick aufs Meer sitzt, sind die Gaststätten auf schnellen Umsatz aus. Gute Qualität versprechen dort vor allem die Ausländer – Inder, Chinesen und auch mancher Deutsche. Original kanarische Küche mit fangfrischem Fisch direkt vom Boot bieten dagegen viele einheimische Lokale direkt am Fischerhafen.

El Ancla

Der Neubau aus roten und grauen Vulkanquadern geriet hier, im alten Fischerhafen, deutlich zu protzig. Sehr edel und appetitlich präsentiert sind die erstklassigen Tapas. Große Sonnenschirme beschatten die Terrasse gegenüber der Petanquebahn, wo die Männer ihren Lieblingssport betreiben. *Tgl. geöffnet, Tel. 928 51 19 33, direkt am Hafen, €€*

Backparadies

Verführerisch duftende Kuchen, köstliches Gebäck und gutes Eis im kleinen Pavillon der deutschen Bäckerei. Terrasse mit Meerblick. *Tgl. geöffnet, Avda de las Playas (auf Höhe der Avda de Italia)*

MARCO POLO Highlights »Puerto del Carmen und die Mitte«

★ **La Geria**
In Lanzarotes berühmter Weinregion laden viele Bodegas zur Verkostung ein (Seite 60)

★ **Jameos Playa**
Puerto del Carmens schönes Hotel im kanarischen Baustil (Seite 58)

★ **Puerto Calero**
Der Yachthafen ist ein Schmuckstück (Seite 62)

★ **Museo Agrícola El Patio**
In Tiaguas Bauernmuseum lebt die Geschichte (Seite 63)

★ **Casa Museo del Campesino**
Kunsthandwerk live (Seite 62)

Besonders schön am Abend: die Casa Roja in Puerto del Carmen

El Bodegón
Erste Adresse in Puerto del Carmen für Tapas, die feinen spanischen Imbisshappen. *Tgl. geöffnet, Calle Nuestra Señora del Carmen 6, Tel. 928 51 52 65, €€*

Casa Roja
Auf einer lang gezogenen Terrasse sitzt man einige Meter oberhalb des alten Hafenbeckens und genießt den Sonnenuntergang – der Platz für ein romantisches Diner zu zweit. *Tgl. geöffnet, Plaza Varadero, Tel. 928 51 58 66, €€*

Dolomiti
Das italienische Eiscafé liegt an der Strandpromenade südlich der Playa de los Pocillos. Ruhige Terrasse mit Atlantikblick. *Tgl. geöffnet, Avda Las Playas 90, €*

La Finca
Das kleine Lokal mit seinen wenigen Tischen ist bei Lanzarotedeutschen sehr beliebt. Die Gründe sind leicht erkennbar: die persönliche Atmosphäre und die köstlichen kanarischen und internationalen Gerichte. *Mittags geschl., Carretera Mácher Bajo 21, Tel. 928 51 35 50, €€*

El Fondeadero
Speisen im Kulturzentrum. Am meisten erfreut die unvergleichliche Atmosphäre auf der Terrasse oberhalb des alten Hafens. Doch nicht nur die Lage ist besonders: Hier bildet die kanarische Hotelfachschule ihre Nachwuchstalente aus. Die Kellnernovizen geben sich denn auch jede erdenkliche Mühe, die Gäste gewissenhaft zu umsorgen. *Di–Sa 18–23 Uhr, Calle Lanzarote 1, Tel. 928 51 14 65, €€€*

Lani's Grill
Unter dem Namen Lani's firmieren gleich mehrere Restaurants im Ort. Das mit Abstand beste liegt in der Avenida de las Playas 41 gegenüber den Apartamentos las Rocas.

Die Auslage präsentiert appetitlich frischen Fisch und Fleisch. Gegrillt wird auf offener Holzkohle, zum Dessert gibt es selbst gemachte kanarische Leckereien. *Mittags geschl., Tel. 928 51 00 20,* €€–€€€

La Lonja

La Lonja, die Börse, ist ein uriger Treffpunkt der Fischer und Arbeiter des Hafens mit angeschlossenem, kleinem Fischgeschäft. An der lauten Bar im Erdgeschoss gibt es Tapas, ein großer Lichthof erhellt den Speisesaal im Obergeschoss. Die Gerichte sind superfrisch zubereitet. *Mero a la plancha* (Zackenbarsch) und den hausgemachten *bienmesabe* mit Vanilleeis probieren – Spitze! *Tgl. geöffnet, Calle Varadero, Tel. 928 51 13 77,* €€

Playa

Wer vom Hafenbecken in Richtung Osten am Meer entlanggeht, gelangt in eine andere Welt. Der Trubel löst sich auf, nur wenige Leute versammeln sich am Abend in den Bars und Restaurants um die Playa de la Barrilla. Das Restaurant liegt dort direkt am Meer, garantiert gute, kanarische Küche und völlige Ruhe. *Tgl. geöffnet, Calle El Muellito, Urbanización Fariones, Tel. 928 51 18 76,* €–€€

El Sardinero

Das am alten Hafen gelegene Restaurant wurde komplett renoviert. Man tafelt in rustikalem Holzambiente. Es gibt kanarische sowie internationale Gerichte. *Tgl. geöffnet, Plaza Varadero, Tel. 928 51 18 47,* €€

Eine Insel im Wandel

Die Verbindung von Natur und Tourismus bleibt ein Balanceakt

Noch im Jahr 1966 standen in Lanzarote ganze 140 Gästebetten zur Verfügung, mittlerweile sind es über 56 000. Spurlos ging diese rasante Entwicklung zwar nicht an dem Vulkaneiland vorbei, doch war sie weniger schmerzhaft als auf anderen Kanareninseln. Die Lanzaroteños erkannten in ihrer sensiblen, einmaligen Umwelt schon früh das einzige Kapital für eine gesicherte Zukunft. So wurde nach dem Boom in den Achtzigern 1990 ein Baustopp verhängt. Die Insel erhielt das Unesco-Siegel eines Biosphärenreservats. Die größte Windkraftanlage der Kanaren (48 Rotoren im Parque Eólico) erzeugt einen Großteil der Energie, den die Meerwasserentsalzungsanlagen benötigen. Aufbereitetes Wasser aus Kläranlagen bewässert die Pflanzenwelt. Und dennoch bleibt viel zu tun: Zum Beispiel droht den Ballungszentren der Verkehrsinfarkt. Offiziell gilt seit 2003 – von einigen wenigen Ausnahmen abgesehen – zwar ein Baustopp, doch wird gerade in der Umgebung von Playa Blanca nach wie vor kräftig gebaut.

EINKAUFEN

Außer Kosmetik, Kitsch und Camcordern findet man in manchen Läden auch ein interessanteres Sortiment. Fast alle Geschäfte gruppieren sich um die Einkaufszentren an der Avenida de las Playas. Vorsicht vor Billigimitaten teurer Marken!

Insider Tipp **Artesanía Lanzarote**

Echtes Handwerk von Künstlern der Insel – Keramik, Web- und Stickarbeiten, Leder, Flechtwerk und dergleichen – findet man in dem Miniladen nahe der Oficina Municipal de Turismo. *Avda de las Playas*

Cerámica La Finca

Bei der Deutschen Petra Beyerle finden Sie hübsche spanische Gebrauchskeramik, unter anderem die bekannten blauweißen Buchstabenkacheln für die Haustür und feuerfeste Schüsseln. *Carretera de Mácher 21 (nördlicher Ortseingang von Mácher)*

César Manrique

Kunsthandwerk aller Art nach Motiven des Meisters verkauft der kleine Shop neben der Oficina Municipal de Turismo. *Avda de las Playas*

Insider Tipp **Floristería Canarias**

Großes Sortiment exotischer Pflanzen sowie Samen. Wer sich zu Hause seinen eigenen kleinen Drachenbaum ziehen möchte, wird hier fündig. *Avda de las Playas, gegenüber der Oficina de Turismo*

Mystic

Zubehör für Ökobewegte und Esoteriker: Naturschwämme, Batiktücher, Düfte. *Avda de las Playas 7*

ÜBERNACHTEN

Los Fariones

Anziehend an dem älteren Komplex sind die äußerst ruhige und doch zentrale Lage, ein schattiger Garten und der grandiose Blick auf den Atlantik. *248 Zi., Calle Acatife, Tel. 928 51 01 75, Fax 928 51 52 00, www.grupofariones.com,* €€–€€€

Fariones Playa

Die mächtige Fassade aus dunklem Lavastein ist nicht jedermanns Geschmack. Doch drinnen beeindruckt die zum Meer offene, prächtig gestaltete Gartenanlage. *231 Zi., Calle Acatife, Tel. 928 51 34 00, Fax 928 51 15 97, www.grupofariones.com,* €€

Jameos Playa

★ Das große Hotel wird allgemein als gemütlich gelobt. Diese Atmosphäre verbreitet schon die Eingangshalle mit ihren Holzbalkonen im kanarischen Baustil. Die 530 hellen Zimmer sind mit Holzmöbeln ausgestattet. Der Strand liegt direkt vor der Tür. *Playa de los Pocillos, Tel. 928 51 17 17, Fax 928 51 42 19, www.seaside-hotels.de,* €€–€€€

Loma Verde

Die gemütliche Apartmentanlage ist bei jungen Leuten beliebt. Etwas ab vom Schuss gelegen, daher auch preisgünstiger. *224 Zi., Calle Salinas 11, Tel. 928 51 11 10, Fax 928 51 13 79, www.clubgreenoasis.com,* €–€€

Nautilus

Ruhige Apartmentanlage ca. 15 Gehminuten vom Strand entfernt,

Am Strand von Puerto del Carmen, im Hintergrund der Ort

gelegentlicher Fluglärm. *70 Zi., Calle Gramillo 7, Urbanización Matagorda, Tel. 928 51 44 00, Fax 928 51 23 90, www.nautilus-lanzarote.com, €*

San Antonio
Etwas älteres Hotel, dem man die Jahre schon ein wenig ansieht, aber mit hübsch zugewachsener Gartenanlage. Großzügige Terrassen, direkter Strandzugang. *370 Zi., Avda de las Playas 84, Tel. 928 51 42 00, Fax 928 51 30 80, www.hotelsanantonio.com, €€*

Sol Lanzarote
Solides Hotel mit direktem Zugang zum Strand. *330 Zi., Calle Grama 2, Tel. 928 51 48 88, Fax 928 51 28 03, www.solmelia.com, €€*

FREIZEIT & SPORT

Schiffsexkursionen unterschiedlicher Dauer werden im Hafen von Puerto del Carmen in einem Containerbüro angeboten. Bei einer Fahrt mit dem Glasbodenkatamaran *Princesa Icó* lässt sich die Fischwelt der Gewässer beobachten. Die Hin- und Rückfahrt nach Fuerteventura kostet 30 Euro, eine Tagestour vor der Küste inklusive Lunch 43 Euro. Die Inselkreuzfahrt, bei der außer Fuerteventura auch das unter Naturschutz stehende Eiland Lobos besucht wird, gibt es für 43 Euro *(Tel. 651 72 22 12)*. Das Meer von unten besieht man im *Subcat*, einem Unterwasserkatamaran, der eine Stunde lang bis 30 m tief taucht. *(Tel. 928 51 00 65, 46 Euro)*. Weitere Anbieter: *Blue Delfin*, Glasbodenboot, Tagestrips nach Fuerteventura und Lobos *(44 Euro)* oder zu den Papagayo-Stränden *(40 Euro, Tel. 607 96 54 16)*.

STRÄNDE

An den Stränden von Puerto del Carmen sind die Strömungen meist gering, Wind und Wellen sind bei normaler Passatlage nicht sehr kräftig, sodass man die meiste Zeit gefahrlos baden kann und hier auch mit Kindern gut aufgehoben ist. Aber es gibt doch Zeiten mit ungünstiger Wetterlage. Beachten Sie daher auf jeden Fall die Warntafeln oder -flaggen: grün bedeutet unbedenklich, orange steht für Gefahr, rot bedeutet absolutes Badeverbot!

An sich sind alle Strände zum Baden gleich gut geeignet. Besonders hübsch ist jedoch die von zwei Felsrippen flankierte, feinsandige *Playa de la Barilla* unterhalb des alten Ortskerns. Es ist der kleinste und bei weitem ruhigste der Strände.

AM ABEND

Die Avenida de las Playas ist Lanzarotes Drehscheibe für alles, was die Nacht zum Tage macht. Sogar die jungen Wilden aus der Hauptstadt kommen in Scharen.

Casino

Auch Puerto del Carmen hat ein Kasino. Kein Zwang zur Abendgarderobe, Badelatschen und Shorts sind jedoch unerwünscht. In vielen Hotels liegen Einladungen aus, bei deren Vorlage der Eintritt kostenlos ist, sonst zahlt man 3 Euro. *Avda de las Playas 12, tgl. 16–4 Uhr, Kasinorestaurant tgl. 20–4 Uhr,* €€

Charlies

Insider Tipp

Im englischen Pub im ersten Stock spielen regelmäßig ab 22.30 Uhr Jazzbands live zum Tanzen und Swingen auf. *Avda de las Playas, Eingang im Centro Comercial Atlántico*

Harley Rock

Wenn man die Türsteher überwunden hat, wird es richtig lustig: Im Untergeschoss gibt es eine laute englisch-amerikanische Rockbar mit Livemusik inklusive Golden-Fifties-Cadillac, einer Harley, einer Freiheitsstatue und was Fans sonst noch so brauchen. *Avda de las Playas 28, Fr–Mi 18.30–3.30 Uhr*

Ruta 66

Der neue, große Diskopub ist der angesagteste Spot in Puerto. Er ist zur Strandpromenade offen – wer will, besieht sich beim Drink die Flaneure. Es gibt mehrere Bars. Auf Breitwand-Bildschirmen läuft Fußball, zu amerikanischer Rockmusik kann getanzt werden. *Avda de las Playas, Centro Comercial Arena Dorada, ab 22 Uhr*

Tropical

Gleich daneben und ähnlich aufgemacht, orientiert sich die Musik hier mehr am Diskopop. Auf Leinwänden laufen Clips. *Avda de las Playas, Centro Comercial Arena Dorada, ab 22 Uhr*

AUSKUNFT

Oficina de Turismo

Avda de las Playas, im weißen Pavillon oberhalb der Playa Grande, Mo–Fr 10–17 Uhr, Sa 10–13 Uhr, Tel. 928 51 53 37, www.turismolanzarote.com

Oficina Municipal de Turismo

Avda de las Playas, gegenüber Deutsch-Britische Klinik, Mo–Fr 10–16 Uhr, Tel. 928 51 33 51, www.puertodelcarmen.com

ZIELE IN DER UMGEBUNG

La Geria

★ Wie ein Geniestreich von Landschaftsarchitekten wirkt die berühmte Landschaft La Geria. Die Hauptroute durch die Region führt von *Mozaga* **[112 B3]** in der Inselmitte über *Masdache* **[115 F2]** bis

Uga im Süden **[115 D3]**. Das großartige Weinbaugebiet in unmittelbarer Nähe der Vulkanberge erschließt sich indessen noch intensiver auf den Nebenrouten – etwa nach La Vegueta **[115 E3]**. Vor allem dort zeigt sich eindrucksvoll, dass es die Natur selbst ist, die zuerst mit feinen, graugrünen Flechten neues Leben in das tote Land bringt. Erst viel später können dann Bauern mit Gemüse und Obstpflanzen nachrücken, um ein neues Stück Land urbar zu machen.

An der Hauptstraße liegen die großen Bodegas, die meist von etwa 10.30 bis 18 Uhr geöffnet sind. Besonders schön ist die Kellerei El Grifo. Ihre Weine haben auch bei den Insulanern selbst einen außerordentlich guten Ruf. Das zugehörige Weinmuseum veranschaulicht mit über 200 Jahre alten Gerätschaften die Schritte der Weingewinnung.

Auf keinen Fall sollten Sie an der ältesten Bodega Lanzarotes, *Bodega La Geria (Carretera de la Geria, km 9, Tel. 928 51 07 43)*, mit ihrer weiten Sicht vorbeifahren. Die Abzweigung an dem kleinen Drachenbaum führt zu dem Weingut, das manchmal von ganzen Busladungen überfallen wird. Der Ausblick von der Terrasse über weite Teile der Weinregion bis zu den Feuerbergen sucht seinesgleichen.

Mancha Blanca **[111 E3]**

Im Jahre 1735 wälzte sich die Lava aus den Timanfaya-Vulkanen unerbittlich auf die kleine Ortschaft zu. Letzte Chance, die drohende Katastrophe abzuwenden, schien den Einwohnern, ihre Dorfheilige – Nuestra Señora de los Dolores – den glühenden Massen entgegenzustellen. Und wirklich: Die Lava kam unmittelbar vor der Figur zum Stillstand. Zum Dank erbauten die Einwohner die Kirche Iglesia de los Dolores am Ortsrand und erkoren die Madonna zur Nuestra Señora de los Volcanes. Sie wurde außerdem Schutzpatronin der Insel.

Club La Santa

Hier trainieren nicht nur Urlauber, sondern ganze Nationalteams

Sport und Fitness sind angesagt in der Trainingsoase an der Nordküste. Dutzende Sportarten können die Gäste – und nur sie – im bekanntesten Sportclub der Kanaren kostenlos ausüben. Es gibt ein clubeigenes Leichtathletikstadion, eine Windsurflagune, Rennräder und und und. Dutzende Trainer kümmern sich um jeden Wunsch. Nur Golf und Tauchen kosten extra. Einzig die Tauchschule kann übrigens auch außerhalb des Clubs gebucht werden. Information und Buchung: *Club La Santa, Sperberhorst 11, 22459 Hamburg, Tel. 040/555 33 70, Fax 551 95 92, www.clublasanta.de. Tauchschule La Santa Diving, Tel. 629 49 21 15, Fax 928 59 99 90, www.lasantadiving.com, Grundkurs 75 Euro, Open Water Diver 399 Euro*

Mozaga **[112 B3]**
Am Kreisverkehr vor der kleinen Ortschaft steht eines der großen Werke César Manriques, das *Monumento al Campesino,* das Bauerndenkmal. Errichtet wurde es Ende der 60er-Jahre, um auf die wachsenden Probleme der Bauern hinzuweisen. Sinnreicherweise besteht es aus den Wassertanks alter Fischerboote – eine Mahnung, die knappen Ressourcen der Insel zu schonen. Schließlich sind die bäuerlichen Betriebe besonders vom Wasser abhängig.

Gleich nebenan wurde die ★ *Casa Museo del Campesino,* ein Bauern- und Kunstgewerbemuseum, eingerichtet, wo Sie Kunsthandwerkern bei ihrer Arbeit zuschauen und deren Werke erwerben können. Neben Stickerei und Weberei – in denen nur zeitweise gearbeitet wird – ist die Töpferwerkstatt besonders sehenswert. Hier fertigt Juan Brito die *novios de mojón* an, Tonfigurenpaare mit ausgeprägten Geschlechtsorganen, deren Vorbilder von den Ureinwohnern als Fruchtbarkeitssymbole hergestellt und Jungverheirateten geschenkt wurden. *Tgl. 10–18 Uhr*

Der untere Teil des ehemaligen Landgutes beherbergt eine Tapabar und ein Restaurant in Lavagewölben. Auf der Speisekarte stehen vor allem typische Speisen Lanzarotes. *Tgl. 12–18 Uhr sowie abends für Gruppen nach Voranmeldung, Tel. 928 52 01 36, €€*

Im Ort richtete die Familie Bethancourt in ihrem Landsitz Insider Tipp *Caserío de Mozaga* aus dem 18. Jh. ein charmantes Hotel mit eigenem Restaurant ein *(8 Zi., Mozaga 8, Tel. 928 52 00 60, Fax 928 52 20 29, www.caseriodemozaga.com, €€).*

In der *Casa Masdache* wohnt man bäuerlich einfach inmitten der Weinfelder *(LZ 503/Camino el Mentirero, Buchung: Isla Viva, Tel. 928 84 57 23, Fax 928 84 57 61, www.islaviva.com, €).*

Playa Quemada **[115 D4]**
»Verbrannter Strand« bedeutet der Name des kleinen Ortes, und viel mehr als einen dunklen, steinigen Strand, einige Häuser (teils zur Vermietung) und zwei kanarische Restaurants hat er auch nicht zu bieten. Eben deswegen aber fühlen sich Urlauber, die Stille suchen, hier gut aufgehoben. Jenseits des Felsrückens, der bei Flut überschwemmt wird, liegt ein weiterer kaum besuchter Strand.

Puerto Calero **[115 E4]**
★ Nach schwierigen ersten Jahren wird der neue Yachthafen westlich von Puerto del Carmen inzwischen gern besucht. Die von Luís Ibáñez Margalef, dem Stararchitekten Lanzarotes, entworfene Anlage musste bereits erweitert werden. Viele Segler machen hier auf ihrer Reise von Europa nach Amerika Station.

Auch ohne eigene Yacht lohnt ein Abstecher: Ausflugsboote bieten Törns an, man kann an U-Boot-Safaris teilnehmen *(tgl. 10, 12, 14 Uhr, 46 Euro, Tel. 928 51 28 98)* oder fünfstündige Katamarantouren unternehmen *(tgl. 10–14 Uhr, 58 Euro, Tel. 928 51 30 22, www.catlanza.com).*

Gut speisen lässt sich im Hafen in der *Taberna del Puerto, tgl. geöffnet, Tel. 928 51 28 82, €€*

San Bartolomé **[112 B4]**
In dem verschlafenen Ort eröffnete unlängst das *Museo Etnográfico*

Tanit. In der schön renovierten Bodega eines Herrenhauses aus dem 18. Jh. sind Gegenstände des bäuerlichen Lebens (Werkzeug, Kleider, Möbel etc.) zu sehen. Im Weinkeller stapeln sich die Fässer. Galerie mit wechselnden Ausstellungen, Cafeteria. *Calle Constitución 1, Mo–Sa 10 bis 14 Uhr, Eintritt 6 Euro, www.museotanit.com*

Tiagua **[111 F3]**

Tiagua für sich genommen ist schon ein sehenswertes, gepflegtes Dorf, das traditionell von der Landwirtschaft geprägt wird. Den Besuch lohnt aber vor allem ein Museum: das in einem alten, gut erhaltenen Landgut untergebrachte ★ *Museo Agrícola El Patio.* Der gesamte Komplex, der schon kurz nach seiner Eröffnung 1994 den Kanarischen Kulturpreis erhielt, ist ein liebevoll gepflegter Bauernhof, der ganz und gar nicht museal wirkt. Im Gegenteil: Alle Einrichtungen des ländlichen Lebens, von der Bodega bis zur Gofiomühle, befinden sich in funktionsfähigem Zustand.

Das Areal gliedert sich in zwei Teile. Stall- und Wirtschaftsbereich liegen bei den beiden Windmühlen. Dort befinden sich auch die Bodega (mit Weinprobe) und die Stallungen, in denen außer einer Ziegenherde auch ein Dromedar und ein Esel untergebracht sind. Im Gutshaus, dem zweiten Komplex, sind sehenswerte alte Fotografien und bäuerliche Gebrauchskeramik ausgestellt. Ferner gehört dem Museum eine Sammlung besonders schöner Lavasteine und -felsen, die wie Kunstwerke wirken. Dem Gutshaus schließen sich die alten Gebäude der Weinkellerei an mit schweren, alten Pressen und Eichenholzfässern. Auch Weinverkauf. *Mo–Fr 10–17.30 Uhr, Sa 10–14.30 Uhr, Eintritt 5 Euro inklusive kleiner Weinprobe*

Das Freilichtmuseum von Tiagua hat sogar einen Kulturpreis erhalten

Tinajo, Playa de Teneza, Playa de la Madera

Nicht gerade spektakulär, aber doch hübsch anzusehen ist das lang gestreckte Dorf *Tinajo* **[111 E2–3]**. Etwa von der Ortsmitte aus führt eine unbeschilderte Straße an die Westküste zur *Playa de Teneza* **[111 D2]** und auf Schotterpisten weiter zur *Playa de la Madera* an der Grenze zum Nationalpark Timanfaya **[110 C3]**. An den beiden Stränden bricht sich der wilde Atlantik oft besonders heftig; die kochende See ist ein beeindruckendes Naturschauspiel. Falls Sie hier baden wollen, bleiben Sie unbedingt im Flachwasser! Immer wieder ertrinken an der Westküste Fremde, die die Sogkraft der rücklaufenden See unterschätzen.

Berge aus dem Feuer der Erde

Unter den Montañas del Fuego herrscht noch immer höllische Hitze

Was für ein Anblick! Kilometerweit breiten sich schwarze Lavameere aus. Dahinter türmen sich Berge auf, manche abrupt mit abgebrochenen Spitzen, andere sanft und weich ansteigend, mit kleinen Lavasteinchen bedeckt, die in Farben zwischen beige, grau und rostrot schimmern. Wolken werfen bizarre Schatten, Wind streicht über die Ebene, flüstert zwischen zackigen Magmabrocken, spielt mit Lapillisteinchen, Lavakieseln, die meterdick den Boden bedecken und auf den Kanaren *picón* genannt werden. Kein Strauch und kein Baum unterbricht die Eintönigkeit – eine Mondlandschaft.

Die Montañas del Fuego, die Feuerberge, lösen wohl bei jedem eine gewisse Beklemmung aus, umso mehr, als sich hier tatsächlich eine der größten Katastrophen der jüngeren Erdgeschichte ereignete. Sechs Jahre lang, von 1730 bis 1736, dauerten die Vulkanausbrüche auf Lanzarote, begruben fast ein Viertel der Insel unter sich und hinterließen das größte Lavafeld der Welt. Dem Pfarrer Andrés Lorenzo Curbelo aus dem Ort Yaiza verdanken wir genaue Aufzeichnungen über den Hergang. Als in der Nacht des 1. September 1730 die Erde aufbrach und anfing, Feuer zu speien, begann er sein Tagebuch zu schreiben, in das er gut ein Jahr lang fast täglich neue Hiobsbotschaften eintragen musste, bis er, wie viele Lanzaroteños, nach Gran Canaria flüchtete. Viele Orte wurden von Ascheregen verschüttet, von Lavaströmen überrollt, die sich danach ins Meer wälzten, das Millionen toter Fische an die Küste spülte. Immer neue Berge türmten sich hoch, Krater entstanden und explodierten noch am selben Tag, Schlünde taten sich auf und verschlangen den Boden. Die Hitze verbrannte die Felder, das Vieh verendete in giftigen Dämpfen. Noch einmal, 1824, revoltierte die Erde. Drei weitere Vulkane entstanden. Die Verwüstungen waren jedoch mit denen des 18. Jhs. nicht vergleichbar.

Heute ist alles erstarrt. Das Werk der vulkanischen Gewalten kann gefahrlos besichtigt und bestaunt werden. Die Landstraße LZ 67 von Yaiza Richtung Mancha Blanca durchquert ein lebensfeindliches Malpaís, »schlechtes Land«

Vor 270 Jahren entstanden: die grandiose Vulkanlandschaft des Nationalparks Timanfaya

Das Feuerteufelchen am Eingang des Parks weist den Weg zu seinem Reich

aus erstarrter Magma. Links voraus erheben sich die rund dreißig Kegel der Montañas del Fuego, unter ihnen der 510 m hohe Vulkan Timanfaya, umgeben von seinen ähnlich imposanten Kumpanen. Beeindruckend schillern die Farben. Sie rühren von verschiedenen Mineralien her, die die Erde mit ausspie. Dieses Ensemble konischer Hügel gehört bereits zum Nationalpark, den die Straße nun ein Stück weit durchquert.

Vielleicht haben Sie auch schon eine Dromedarkarawane erblickt, die von einem der Berge getrottet kommt. Mit vorsichtigen Schritten stapfen die Tiere durch den weichen Grund, auf beiden Seiten des Höckers in grünen Sitzen jeweils einen Touristen tragend. In der Dromedarstation, die Sie an der Grenze zum Nationalpark erreichen, warten über hundert der exotischen Tiere auf Kunden. Hier sollte man zu einer kurzen Rast anhalten. Denn der ★ Dromedarritt in die Stille der Vulkanberge ist eines der tollsten Erlebnisse in Timanfaya. Sie sollten es sich auf keinen Fall entgehen lassen *(tgl. 9–16 Uhr, Dauer ca. 20 Minuten, 10 Euro pro Dromedar).* Nebenan liegen eine Bar mit Andenkenladen und ein kleines Museum *(Mo–Fr 8–15 Uhr).*

Weiter geht die Fahrt. Die folgende Passhöhe gewährt einen herrlichen Blick hinunter auf das gewaltige Lavameer. Dort unten zweigt auch die Zufahrtstraße zum Zentrum des Nationalparks ab. Dessen Symbol, ein frecher Holzteufel, der Sie hier in seinem Reich begrüßt, war übrigens auch eine Idee César Manriques.

Parque Nacional de Timanfaya

[110–111 A–D 3–5] Der Nationalpark wurde 1974 eingerichtet. Er ist 51 km² groß. Sein Name leitet sich von dem Namen eines der verschütteten Dörfer ab. Mit dem Auto fährt man vom Zugang rund 3 km bis zum Islote de Hilario, der wie ein Inselchen *(islote)* aus der Landschaft ragt. Oben thront das Besucherzentrum mit dem *Restaurante del Diablo,* das von Manrique aus feuerfestem Material gebaute »Teufelsrestaurant« (€€). Denn spätestens nun wird klar: Die Kühle Timanfayas ist nur oberflächlich. Auf einem mächtigen Schlot grillen die Köche Steaks in der aus dem Erdinnern hochströmenden Hitze, und draußen demonstrieren Parkhüter, was sich unter der dünnen Kruste abspielt. Reisigbündel, in Erdspalten geworfen, gehen Sekunden später in

Flammen auf. Wasser, in metertief eingelassene Rohre gekippt, zischt als Dampffontäne wieder hervor. An einigen Stellen kann man die Hitze des Bodens mit den Fingern kaum ertragen. Gut 140 Grad herrschen schon in 10 cm Tiefe, 6 m unter Ihren Füßen ist die Erde 400 Grad heiß. *Tgl. 9–17.45 Uhr, Einlass bis 17 Uhr, Eintritt 8 Euro*

SEHENSWERTES

Ruta de los Volcanes [110 C4]

★ Höhepunkt im Nationalpark ist die 45 Minuten dauernde Fahrt auf der 14 km langen Vulkanroute, die nur in den vom Islote de Hilario aus verkehrenden Bussen möglich ist. Tief hinein geht es in die surreale Welt Dutzender, wie Meteoriteneinschläge wirkender Krater in allen Größen: von spitzen *hornitos* (Öfchen) bis zu *calderas* (Kesseln) von mehreren 100 m Durchmesser. Es folgen eingestürzte Lavatunnel und gewaltige Aschehänge. An Punkten mit einzigartiger Aussicht werden Fotostopps eingelegt. Mancher wird sich wie ein Astronaut fühlen – und tatsächlich unternahm die Nasa zu Beginn ihres Mondprogramms hier erste Tests. Für mehrere Sciencefictionfilme wurden in der Gegend wichtige Sequenzen gedreht. Während der Fahrt gibt es auch auf Deutsch Erklärungen vom Band. *Abfahrt alle 30 Minuten, letzter Bus um 17 Uhr. Die Tour ist im Eintrittspreis zum Nationalpark inbegriffen.*

AUSKUNFT

Centro de Visitantes [111 D3]

Das lebendig gestaltete Besucherzentrum des Nationalparks bietet mit interaktiven Schautafeln, Ausstellungen, Fotos, einem Film und Lava zum Anfassen gute Informationen über die Feuerberge, Kultur und Alltagsleben der Einheimischen. Zum besseren Verständnis ist es empfehlenswert, sich vor dem Besuch des Nationalparks hier erst einmal einen Überblick zu verschaffen. *Tgl. 9–17 Uhr, an der LZ 67, 2 km vom Eingang des Nationalparks Richtung Mancha Blanca, Tel. 928 84 08 39*

WANDERUNGEN IM LAVAMEER

Auf eigene Faust zu wandern ist im Nationalpark weitgehend untersagt. Das Besucherzentrum bei Mancha Blanca organisiert jedoch

MARCO POLO Highlights »Nationalpark Timanfaya«

★ **Dromedarritt**
Ein Ritt durch die Ascheberge des Nationalparks Timanfaya ist für alle ein tolles Erlebnis (Seite 66)

★ **Ruta de los Volcanes**
Der Höhepunkt jedes Timanfaya-Besuchs ist eine Fahrt durch die Mondlandschaft des Parks (Seite 67)

Insider Tipp sehr lohnende geführte Wanderungen, auf denen verschiedene Teile des Nationalparks vorgestellt werden, so die *Ruta del Litoral* und die *Ruta de Tremesana*. Die Erklärungen zu Geologie und Biologie erfolgen auf Spanisch oder Englisch; die Führungen in kleinen Gruppen sind kostenlos. Frühzeitige Anmeldung – mindestens vier Wochen im Voraus – ist dringend geraten. Festes und geschlossenes Schuhwerk, Sonnenschutz und ausreichende Kondition sind Voraussetzung für die Wanderungen durch die schroffe Lava. *Anmeldung Mo–Fr 9–15 Uhr, Tel. 928 84 08 39, manchablanca@mma.es*

Ruta del Litoral

Für die etwa fünfstündige Wanderung entlang der vulkanischen Küste empfiehlt die Parkbehörde, ausreichend Wasser und Proviant mitzunehmen. Der Ausgangspunkt liegt in der Nähe des Ortes El Golfo **[110 A5]** und führt durch wildes und unwegsames Gelände bis an die Küste bei der Playa del Paso **[110 A4]** und der Playa del Cochino **[110 B4]**. Durch den plötzlichen Kontakt mit dem kühlen Meerwasser ist die schwarze Lava dort zu besonders abenteuerlichen Formen aufgetürmt. *Wandertag: einmal monatlich mittwochs*

Eine individuelle Variante der Küstenwanderung ist weiter nördlich möglich. Fahren Sie von Tinajo **[111 E2–3]** kommend mit dem Auto zunächst auf Teer (ca. 3 km) oberhalb der Playa de Teneza vorbei und später auf breiter Wellbrettpiste (ca. 7 km) bis zur schwarzen Playa de la Madera **[110 C3]**. Stellen Sie dort das Auto ab, und wandern Sie entlang der Küste auf dem großteils gut erkennbaren Weg bis zur Playa del Cochino. Hin und zurück gehen Sie ca. 4–5 Std.

Dieser Weg durch den Nationalpark ist von der Verwaltung freigegeben und darf ohne Begleitung begangen werden. Die Region südlich der Playa del Cochino, dort wo der Weg die Küstenlinie verlässt, ist jedoch sensibles Vogelschutzgebiet und darf nicht betreten werden. Kehren Sie deshalb an diesem Punkt um und laufen dieselbe Strecke zur Playa de la Madera zurück.

Ruta de Tremesana **[114 C2]**

Die kürzere, etwa zweistündige Wanderung an der südlichen Grenze des Parks ist ein lohnendes Lehrstück in Vulkangeologie. Der Weg führt durch sehr verschiedene Landschaftsformen. Gezeigt werden neben unterschiedlichen Kraterformen auch Lavatunnel und ein beinahe ebener Lavasee. Spannend und anschaulich wird erklärt, wie langwierig, aber schließlich doch erfolgreich die belebte Natur die lebensfeindliche Ödnis zurückerobert. *Wandertage: Mo, Mi und Fr, zwei Gruppen mit je sieben Teilnehmern, Treffpunkt 10 Uhr am Centro de Visitantes*

Caldera Blanca Insider Tipp

Eine tolle, mit einer großartigen Aussicht gekrönte Wanderung ist die Route zur Caldera Blanca, die Sie auf eigene Faust unternehmen können **[110–111 C–D3]**. Der Weg ist gut erkennbar, der Aufstieg aber stellenweise steil und anstrengend. Seien Sie sich bewusst, dass Sie auf der vierstündigen Wanderung auf sich allein gestellt sind, nehmen Sie viel zum Trinken mit.

Fahren Sie vom Nationalpark über die LZ 67 Richtung Mancha Blanca. Kurz vor der Ortseinfahrt zweigt nach links ein schmales Teerband Richtung Tinajo ab **[111 D3]**. Biegen Sie hier in die scharf links zurück führende Lavapiste ein, und folgen Sie ihr etwa 700 m. An deren Ende – leicht erkennbar an drei großen Lavabrocken – stellen Sie den Wagen ab. Schräg rechts voraus durch einen roten Pfeil sowie durch ein Steinmännchen markiert, ist der weitere Wanderweg leicht erkennbar. Etwa 40 Minuten folgt er in dauerndem Auf und Ab einem schwarzen Lavastrom. Nach ca. zwei Dritteln dieser Teilstrecke liegt rechts eine schwer zu findende, aber sehr schöne Höhle mit besonders langen Lavastalaktiten. Optischer Orientierungspunkt des ersten Abschnitts ist der rote Vulkankegel, an den man auch direkt gelangt. An seinem Fuß und entlang einer Mauer geht es knapp 10 Minuten lang rechts und dann wieder durch ein Lavafeld (ca. 10 Minuten), den weißen Kegel der Caldera Blanca stets im Blick. Am Fuß des Berges angelangt, steigt man zunächst links hoch, immer an der Grenze zwischen weißem Fels und dunkler Lava entlang (ca. 10 Minuten). Dann geht es knappe 10 Minuten rechts den Vulkan bergauf, immer der zuvor schon erkennbaren Rinne entlang. Der Vulkan ist entgegen der Erwartung aus festem, hellem Fels und von grauweißen Flechten überzogen. Auf dem Kraterrand angelangt, darf man sich nicht täuschen lassen. Der Aufstieg auf der gleichmäßigen Steigung über das linke Halbrund beträgt weitere 200 Höhenmeter und dauert mindestens noch 40 Minuten. Erschrecken Sie nicht über plötzliches Meckern: Im Windschatten der Felsen leben wilde Ziegenherden. Oben, auf 458 m angekommen, wird die Mühe des Aufstiegs an klaren Tagen durch eine überwältigende Aussicht belohnt.

In ein Loch gegossenes Wasser verwandelt sich sofort in Dampf

Dann führt der Abstieg rechtsherum über die steilere Kraterflanke und denselben Weg in entgegengesetzter Richtung zurück zum Ausgangspunkt.

Sonne, Strand und blitzendes Meer

Lanzarotes heißer Süden garantiert Sonnenschein und Urlaubsfreuden

So mag es am Rand der Sahara aussehen: karges Land, ein paar armselige Flechten und vertrocknete Gräser. Kleine, dornige Büsche krallen sich im Boden fest oder tollen als stachelige Kugeln wie im Wildwestfilm über die Ebene. Schemenhaft taucht am Horizont flirrend eine Siedlung weißer, flacher Bauten auf. Erst wenn man näher kommt, schwillt sie zu einem ganzen Meer von Bungalows und Hotels an: Playa Blanca.

Das Südende der Insel ist die weitaus trockenste Region Lanzarotes. Die Kargheit des verbrannten Landes, in dem es nur wenige Bocksdorngewächse und Wolfsmilchpflanzen gibt, erschreckt zunächst und muss doch den Urlauber entzücken: Hier scheint fast immer die Sonne. Dies ist auch der Grund, weshalb sich das unscheinbare Fischerdorf Playa Blanca seit Beginn der 80er-Jahre rasant zu einer der drei großen Ferienzonen Lanzarotes entwickeln konnte. Außerhalb des Ortes erstrecken sich die schönsten Strände mit dem beliebtesten FKK-Revier der Insel.

Playas de Papagayo, ein Naturschutzgebiet mit traumhaft schönen Sandstränden

Die gesamte Region steht im Prinzip unter Naturschutz; die Sünden früherer Jahre, in denen zum Beispiel das Querfeldeinbrausen mit Geländewagen erlaubt war, sind aber nicht zu übersehen.

PLAYA BLANCA

[114 B5–6] Wo einst ein Fischerdörfchen im Ödland lag, blenden heute weiß getünchte Feriensiedlungen das Auge. Die Architektur der Hotels und Bungalows kann sich sehen lassen, und auch die üppigen Gärten mit Tausenden leuchtend roter Bougainvilleen haben Playa Blanca gut getan. Playa Blanca ist ideal für Familien und Senioren. Seine Pluspunkte sind die Nähe zu den tollen Papagayo-Stränden und der viele Sonnenschein.

Die Strandpromenade wenige Meter oberhalb des Atlantik ist das Herz Playa Blancas. Weiträumig als Fußgängerzone abgesperrt, erfreut sich der Boulevard bei Urlaubern großer Beliebtheit. Eine beinahe familiäre Atmosphäre herrscht am kleinen Ortsstrand, der nur wenigen Badegästen Platz bietet. Außerdem beschränkten sich die Erbauer der Restaurants und Apartments auf

etwas kleiner. *Mi 9–14 Uhr, Straße zu den Papagayo-Stränden*

Nao

Der Shop führt auch das in Spanien beliebte Porzellan von Lladró. *Calle Limones 6*

ÜBERNACHTEN

Die Hotelanlagen sind im Allgemeinen neueren Datums, von guter Qualität und verfügen alle über Swimmingpools. Apartments mietet man am besten zu Hause im Reisebüro oder bei einer der örtlichen Agenturen.

Gran Meliá Volcán

Das neue Fünf-Sterne-Hotel liegt direkt neben dem neu erbauten Yachthafen östlich von Playa Blanca. Die 255 Zimmer verteilen sich auf kleine zwei- und dreistöckige Häuser, die im Stil eines kanarischen Dorfes zusammenstehen. *Urbanización Castillo del Aquila, Tel. 928 51 91 85, Fax 928 51 91 32, www.volcanlanzarote.com,* €€€

Iberostar Lanzarote Park

Eines der älteren Hotels in Playa Blanca, aber renoviert und immer noch empfehlenswert. Aus jedem der 307 Studios und Apartments genießt man den Blick auf das Meer. *Urbanización Montaña Roja, Tel. 928 51 70 48, Fax 928 51 73 48, www.iberostar.com,* €–€€

Paradise Island

Abwechslungsreich auf unterschiedlichen Ebenen angelegtes Hotel mit 278 Zimmern, Garten mit Pools, Brücken und Wasserfällen. Der Komplex liegt knapp 2 km vom Strand entfernt. *Urbanización Montaña Roja, Tel. 928 51 78 80, Fax 928 51 78 81,* €–€€

Princesa Yaiza

Nur durch die Uferpromenade von der Playa Dorada getrenntes, neues Fünf-Sterne-Hotel. 369 sehr komfortabel eingerichtete Zimmer, Garten mit Süß- und Meerwasserpool, Squashcourts und Tennisplätzen. *Avda Papagayo, Tel. 928 51 92 22,*

Aus der Hölle geboren

Olivin: Die Schätze aus dem Erdinneren liegen zum Greifen nah

Spaziergänger werden sie auf den schwarzen Lavastränden der Westküste oft finden – kleine, grün schimmernde Steinchen aus Olivin. Das Mineral wurde bei den Vulkanausbrüchen mit dem Magma aus dem Erdinneren emporgeschleudert und später vom Meer aus der Schlacke gewaschen. Olivinbesetzte Lavastücke werden z. B. bei Los Hervideros und El Golfo für ein bis drei Euro als Souvenir verkauft. Schmuck aus dem hübschen Halbedelstein gibt es in vielen Geschäften. Dafür wird jedoch fast immer Olivin aus Südamerika oder Asien verarbeitet, denn die Fundstücke auf Lanzarote sind zu klein.

Fax 928 51 91 79, www.princesayaiza.com, €€€

Puerto Chico
Diese ältere Apartmentanlage mit 30 Bungalows ist vor allem wegen ihrer ruhigen, aber verkehrsgünstigen Lage am Centro Punta Limones nahe dem Hafen zu empfehlen. *Park Offices, Tel. 928 51 74 09, Fax 928 51 74 11,* €€

Timanfaya Palace
Wegen der Architektur, des großzügigen Gartens und der beiden schönen Pools die Nummer eins in Lanzarotes Süden. Lediglich ein kleines Manko: die Playa Flamingo als nächster Badestrand liegt zu Fuß rund zehn Minuten entfernt. *297 Zi., Urbanización Montaña Roja, Tel. 928 51 76 76, Fax 928 51 70 35, www.h10.es,* €€€

FREIZEIT & SPORT

In Playa Blanca werden viele Wassersportarten und sonstiger nasser Spaß geboten. Außer baden und tauchen können Sie beispielsweise Tretboot fahren (an der Playa Dorada, 6 Euro/Person) und sich für 10 Euro pro Person mit Speedboats oder beim Bananenritt amüsieren (im Hafen Playa Blancas). Dort liegen auch einige Ausflugsschiffe, so der Kutter Autarkie, der Ausflüge zur Isla de Lobos unternimmt, und die Marea Errota, ein alter Segler (siehe Seite 93).

STRÄNDE

Der Ort selbst hat drei attraktive Badeplätze: den besonders feinsandigen eigentlichen Ortsstrand unterhalb der Promenade, nach dem Playa Blanca benannt ist; westlich davon, unterhalb des Hotels Lanzarote Park, die Playa Flamingo und schließlich östlich vom Ortsstrand die Playa Dorada. Die zwei letztgenannten wurden mit feinem, hellem Sand aufgeschüttet und haben Liegen- und Sonnenschirmverleih. Wellenbrecher garantieren ungefährdetes Schwimmen.

AUSKUNFT

Oficina de Turismo
Mo–Fr 8.30–12.30 und 14–17, Sa 8.30–12.30 Uhr, im Hafengebäude neben den Büros der Fährgesellschaften, Tel. 928 51 77 94

ZIELE IN DER UMGEBUNG

Faro de Pechiguera [114 A6]
Zwar führt eine ausgebaute Straße zum weithin sichtbaren Leuchtturm 3 km westlich der Stadt, doch schöner ist es, sich dem Ziel auf einem etwa einstündigen Spaziergang zu nähern. Der Weg folgt immer der Küste. Man kommt an nur wenig besuchten Badebuchten vorbei. Dahinter wird jedoch eifrig gebaut. Etliche Hotelkomplexe sind bereits fertig gestellt. Der 1986 erbaute Leuchtturm selbst ist nicht gerade der beeindruckendste, doch dieses Manko macht die gute Sicht nach Fuerteventura wett.

Femés [114 C4]
★ Der Balcón de Femés trägt seinen Namen völlig zu Recht. Bei gutem Wetter hat man von dem 450 m hohen Pass eine grandiose Aussicht über die Rubicón-Ebene bis weit über Playa Blanca hinaus auf die kleine Isla de Lobos und das große, direkt im Süden liegende

Fuerteventura. Der Ort hat nur wenige Häuser, aber drei ansehnliche Restaurants. Im ⁂ *Balcón de Femés (tgl. geöffnet, €€)* sitzt man direkt am Aussichtsplatz. Dagegen ist die *Casa Emiliano (Mo geschl., Tel. 928 83 02 23, €€)* etwas zurückversetzt und hat neben einer hervorragenden Küche eine hübsche Terrasse zu bieten. An der Plaza liegt das *Restaurante Femés (tgl. geöffnet, €)*.

Fuerteventura **[O]**

Die große Nachbarinsel Fuerteventura scheint von Playa Blanca aus zum Greifen nahe. Tatsächlich benötigt die Fähre zum Hafen Corralejo gerade mal 35 Minuten für die Überfahrt und fährt im Stundentakt ab 7 Uhr, letzte Rückfahrt 20 Uhr. Ein Tagesausflug bietet sich also an, zumal die Fährverbindung nicht sehr teuer ist. Allerdings ist Fuerteventura zu groß, um es an einem Tag komplett zu besichtigen. Im Norden indessen bieten sich genügend Ziele für eine Rundfahrt an. Das bis an die Stadt reichende große Dünengebiet El Jable, das direkt in den Strand übergeht, ist eine der Hauptattraktionen der Insel. Der Mietwagen darf zwar mit auf die Fähre genommen werden, doch muss das vorher beim Vermieter angemeldet und der Versicherungsschutz bestätigt werden. In Corralejo gibt es auch etliche Autovermieter. Ausführliche Informationen finden Sie im MARCO POLO Reiseführer »Fuerteventura«.

El Golfo **[114 B2]**

★ ⁂ Wie die Feuerberge hat auch die tiefgrüne Lagune El Golfo schon in einem Sciencefictionfilm mitgespielt. Sichelförmig liegt sie im Bogen eines zur Hälfte im Meer versunkenen Kraterkessels, dessen Wände durch Winderosion zernagt sind. Die Färbung des Wassers, das durch Verdunstung des einsickernden Meerwassers einen höheren Salzgehalt als das Meer hat, wird

Die ganze Kraft des Atlantik bei El Golfo

durch eine besondere Algenart bewirkt. Der Kontrast zum pechschwarzen Lavasand und dem dunkelblauen Atlantik mit der weißen Gischt brennt geradezu in den Augen. *Zugang: vom Parkplatz an der Landstraße südlich der Lagune und vom Parkplatz am Ortseingang des Dorfes El Golfo links*

Jenseits der Lagune endet die Landstraße im Fischerdorf El Golfo. Der Ort birgt einige der besten Fischlokale Lanzarotes. Können bei dauerhaft schlechtem Wetter die Fischer nicht hinausfahren, müssen die Lokale nach drei Tagen mangels Nachschub schließen. Gibt es eine bessere Frischegarantie? Die besten Lokale: *Lago Verde (Di geschl., Avda Marítima 46, Tel. 928 17 33 11), Mar Azul (tgl. geöffnet, Avda Marítima 42, Tel. 928 17 31 32)* und *Plácido* mit dem besten Ambiente *(Mo geschl., Avda Marítima 39, Tel. 928 17 33 02), alle* €€–€€€

Eine schöne Unterkunft im Ort ist *El Hotelito*. Das »Hotelchen« hat nur neun Zimmer, teils mit Meerblick. Für persönlichen Service sorgt Wirt Victoriano. Das Haus ist ein Refugium für Individualisten mit Sinn für Ruhe und Beschaulichkeit. *Tel. 928 17 32 72, Fax 928 17 34 93,* €

Los Hervideros **[114 B3]**

★ Es brodelt und zischt in den Hervideros (wörtlich *Siedende*), die zwischen den Salinas de Janubio und El Golfo liegen. Es handelt sich um vom Meer ausgewaschene Löcher und Kanäle im spitzen, porösen Lavagestein, durch die bei hohem Wellengang das Wasser mit großem Druck nach oben ins Freie schießt. Das wilde Spektakel lässt sich gut verfolgen, da verwinkelte Pfade und Treppen auf eine Plattform mitten hinein ins Geschehen führen. Seitlich liegt ein ausgebauter Parkplatz.

Montaña Roja **[114 A–B 5–6]** Insider Tipp

Eine Möglichkeit zum Kurzausflug für Playa-Blanca-Gäste ist der schnelle Aufstieg zur nahe gelegenen Montaña Roja. Der Rote Berg ist mit 194 m Höhe der Hausvulkan des Ortes und die einzige echte Erhebung auf der südlichen Inselebene El Rubicón. Der Aufstieg beginnt oberhalb der Feriensiedlung Montaña Baja auf einem ausgetretenen, gut sichtbaren Pfad und dauert nicht viel länger als eine halbe Stunde. Oben führt ein gleichfalls gut zu begehender Weg um den gesamten Kraterrand. Von einigen Aussichtspunkten überblickt man ganz Playa Blanca bis zu den Papagayo-Stränden. Nach Süden reicht der Blick hinüber bis nach Fuerteventura. Weiter westlich erblickte man früher nur die einsame, wilde Küste vom Leuchtturm von Pechiguera bis zur Janubio-Saline. Heute verschandeln endlose Apartmentanlagen, z.T. erst halb fertig, das Panorama.

Playas de Papagayo **[114 C6]**

★ Die Strände 3 bis 5 km östlich von Playa Blanca sind zu Recht berühmt: Sie sind von Felsen eingerahmt, der Sand, ohne Teer und Müll, ist fein, das türkisfarbene Wasser blitzsauber. Zudem herrscht meist nur eine geringe Strömung, und die Wellen sind niedrig, sodass hier auch Kinder gefahrlos baden können.

Die Zufahrtpisten wurden Anfang 1998 neu planiert und mit soliden Felsbrocken eingefasst. Die

Strände sind seither nur noch über eine ausgeschilderte Hauptpiste erreichbar, für die ein Wegezoll von 3 Euro zu entrichten ist. Damit ist zugleich der Eintritt in den Naturpark abgegolten, das *Monumento Natural de los Ajaches,* zu dem die Strände gehören. Große Parkplätze liegen bei der Playa Mujeres, oberhalb der Playa Papagayo und an der wilderen Playa Caleta del Congrio. Zu Fuß sind die Strände von Playa Blanca aus in etwa 1,5 Std. zu erreichen. Man geht vom Ende der Strandpromenade immer am Meer entlang. Leider ist der Weg im Bereich der Baustellen östlich des Ortes durch Schmutz und Fahrzeuge etwas eingeschränkt.

Alle Strände sind gut zugänglich, auch die kleineren – Playa del Pozo, Playa de la Cera und Playa de Puerto Muelas –, die Sie ebenfalls einmal besuchen sollten. Bei Ebbe lässt sich entlang dem Wasser von Strand zu Strand wandern.

Salinas de Janubio [114 B3–4]

★ Lange Reihen kleiner und großer rechteckiger Felder in schillerndem Braun, Rot, Grau und Schwarz – wie ein riesiger Setzkasten liegt die Saline von Janubio unterhalb der Straße nach Playa Blanca. In der Vergangenheit war die Meersalzgewinnung lebenswichtig für die Fischer, um ihren Fang und den Proviant zu konservieren. Windräder, die inzwischen verfallen sind, pumpten das Meerwasser in die größten, 40 m hoch gelegenen Becken. Von denen wurde es in mehreren Verdunstungsstufen in die kleinsten Becken abgelassen. Dort harkten Arbeiter schließlich das herauskristallisierte Salz mit Holzrechen zusammen.

Im 19. Jh. wurden hier noch über 10 000 Tonnen jährlich gewonnen. Aber heute ist der Betrieb der Saline unwirtschaftlich geworden. Nur kleine Mengen des hochwertigen Salzes werden noch geerntet, man sieht sie zwischen den Trockenbecken aufgehäuft. Um sich die Anlage von nahem anzusehen, gehen Sie über den schönen Strand unterhalb der Saline.

Oberhalb der Salzgärten erhebt sich das Restaurant *Mirador*

Vom Aussichtspunkt der Straße sieht man die Saline von Janubio

Die MARCO POLO Bitte

Marco Polo war der erste Weltreisende. Er reiste in friedlicher Absicht, verband Ost und West. Er wollte die Welt entdecken, fremde Kulturen kennen lernen, nicht zerstören. Könnte er heute für uns Reisende nicht Vorbild sein? Aufgeschlossen und friedlich sollte unsere Haltung auf Reisen sein. Dazu gehören auch Respekt vor Mensch und Tier und die Bewahrung der Umwelt.

Salinas. Von seiner verglasten Terrasse aus hat man einen weiten Blick über die geometrisch angelegten Salzbecken. *Tgl. geöffnet, Tel. 928 17 30 70,* €€

Uga **[115 D3]**

In dem kleinen, oasenhaft anmutenden Ort mit den Würfelhäusern, den Palmen und dem ausgesprochen afrikanisch klingenden Namen sind auch die Dromedare zu Hause, die tagsüber die Ausflügler zu den Feuerbergen schaukeln. Nach getaner Arbeit trotten sie des Abends in langen Karawanen zurück in ihre Ställe am Ortsrand. Außerdem ist Uga für seine Fischräucherei bekannt. Sie liegt an der Durchgangsstraße nach Arrecife.

Yaiza **[114–115 C–D3]**

★ Hier ist es genau so, wie César Manrique es immer gewollt hat: strahlend weiße Häuser, knallgrüne Fensterläden, blühende Geranien. Yaiza ist das Musterdorf Lanzarotes und hat schon etliche Schönheitswettbewerbe gewonnen. Besonders harmonisch wirkt das Ensemble um die Kirche *Nuestra Señora de los Remedios* aus dem 17. Jh. mit den beiden angrenzenden Plätzen.

Auch das Innere des Gotteshauses lohnt einen Besuch: Die Madonnenstatue des Hochaltars badet dort im geheimnisvollen blauen Licht der Kirchenfenster. Jedes Jahr am 8. September wird die Figur zur Prozession durch den Ort getragen. *Keine festen Öffnungszeiten*

Die flache, weiße *Casa de la Cultura,* das heutige Kulturzentrum von Yaiza, steht gegenüber der Kirche. Das Haus wurde im 19. Jh. erbaut und war einst der Wohnsitz des auf der Insel bekannten Politikers und Autors Benito Pérez Armas. In den Räumen und dem großen Patio werden Werke kanarischer Künstler gezeigt. *Mo–Fr 9–15 Uhr*

Das *La Era* ist ein inselweit bekanntes Restaurant, liebevoll und mit feinem Sinn für Details in kanarischem Stil in einer ehemaligen Finca eingerichtet. Serviert wird einheimische Küche. Folgen Sie den Wegweisern. *Mo geschl., Tel. 928 83 00 16,* €€€

Eine gute Unterkunft ist das Gasthaus *Finca de las Salinas,* Insider Tipp ein rustikales Landhotel gehobener Qualität. Interessant ist der Baustil, für den der lanzarotische Architekt Angel García Puertas verantwortlich zeichnet. *19 Zi., Calle La Cuesta 17, Tel. 928 83 03 25, Fax 928 83 03 29, www.fincasalinas.com,* €€€

Vulkane, Palmen, weiße Dörfer

Die Touren sind in der Karte auf dem hinteren Umschlag und im Reiseatlas ab Seite 108 grün markiert

1 DER NORDEN: VIELFÄLTIG, BERGIG UND GRÜN

Die Rundfahrt durch den Norden Lanzarotes bietet eine schöne Mischung aus Kultur und Landschaftserlebnis. Die Tagestour beginnt in Arrecife und führt an Manriques Villa in Tahiche vorbei zur alten Hauptstadt Teguise. Nach einem Abstecher an die Westküste geht die Fahrt über spektakuläre Aussichtspunkte – Ermita de las Nieves, später Mirador del Río – über das Tal der tausend Palmen und die Ortschaft Haría zur Nordspitze der Insel. Zurück folgt man der Ostküste, gelangt zu den beiden erstaunlichen Lavahöhlen Jameos del Agua und Cueva de los Verdes. Bei Guatiza setzt der Jardín de Cactus ein letztes Glanzlicht. Die Tour ist rund 100 km lang.

Nehmen Sie von Arrecifes Umgehungsstraße LZ 3 aus die LZ 1, dann die LZ 10 Richtung Teguise. Biegen Sie am ersten großen Kreisverkehr in Tahiche, gut erkennbar an dem großen *Manriquemobile* aus Edelstahl, nach links ab, so gelangen Sie sogleich zum Hauptsitz der *Fundación César Manrique (S. 42)*, einer der Hauptsehenswürdigkeiten der Insel. Halb unter der Erde legte hier César Manrique nach seiner Rückkehr aus den USA 1968 seinen neuen, berühmt gewordenen Wohnsitz in mehreren Lavablasen an. 1992 wurde das Anwesen der Öffentlichkeit zugänglich gemacht. Heute kann man nicht nur die Architektur besichtigen, sondern auch viele Kunstwerke des Hausherrn und seiner Kollegen bewundern.

Monumento al Campesino: Manriques Hommage an die Bauern

Weiter bergauf in Richtung Teguise verliert sich die Bebauung nach und nach in der gelbbraunen, vulkanischen Landschaft. Nach wenigen Minuten erreichen Sie *Teguise (S. 44)*. Die andalusisch wirkende einstige Inselhauptstadt ist der geschichtsträchtigste Ort der Insel. Ihre Anlage ist kompakt, sodass Sie die Stadt von den Parkplätzen an der Mareta oder der Plaza San Francisco aus leicht erlaufen können. Versäumen Sie nicht, der Plaza de la Constitución und dem Palacio de Spínola einen Besuch abzustatten. Weitere Paläste und Kirchen sind für Kulturinteressierte ebenso lohnende Ziele wie es die inselbekannten Restaurants für Liebhaber einer originellen Küche sind.

Ein Abstecher hinunter nach *La Caleta* über die LZ402 führt zur grandiosen, wind- und wellenumtosten *Famara-Bucht (S. 51)*. Kein zweites Küstenstück der Insel ist so beeindruckend. Von hier geht es zurück nach Teguise. Dort erhebt sich am Ortsende der Vulkanhügel des *Guanapay*, auf dessen Spitze das 1588 erbaute *Castillo Santa Bárbara* steht *(S. 46)*. Der Panoramablick vom Gipfel ist herrlich. Auch das Emigrantenmuseum in der Festung lohnt einen Besuch. Es widmet sich dem Schicksal kanarischer Auswanderer, die wegen der Hungersnöte im 19. und 20. Jh. nach Lateinamerika gingen.

Die weiter nach Norden führende LZ 10 steigt stetig bergan und führt über den Ort Los Valles hinauf in die zugigen Höhen zum *Parque Eólico*. Für den mit 48 Rotoren größten Windpark der Kanaren ist die Lage ideal, sodass er dank des steten Passats nicht unwesentlich zur Stromproduktion auf der Insel beitragen kann. Nicht weniger zugig liegt das nächste Ziel linker Hand auf dem höchsten Aussichtspunkt der Insel: Es ist die Wallfahrtskapelle *Ermita de las Nieves (S. 49)*. Schnee *(nieve)* wird dort oben noch niemals gefallen sein, oft ist das Hochplateau aber wolkenverhangen. An klaren Tagen indessen hat man hier vom Steilkliff des Famara-Massivs einen imposanten Ausblick hinunter auf die gesamte westliche Küste und auf die weiter draußen liegenden Inseln des Chinijoarchipels.

Über Serpentinen schlängelt sich die Straße nun hinab ins Hochtal von *Haría (S. 50)*. Tal der tausend Palmen wird die Agrarregion um den schönsten Ort im Norden der Insel auch genannt, und die

Das hübsche Dorf Haría im Tal der tausend Palmen

Zahl ist bestimmt nicht übertrieben. Der Ort selbst ist ein Stück eigenständiger kanarischer Kultur, aufgeweckt und lebendig, aber keineswegs hektisch. Viele Häuser sind ansehnlich hergerichtet, Bougainvilleen und Hibiskusbüsche schmücken die Vorgärten – ein schönes Ensemble im Schatten der vielen Palmen. Nördlich von Haría windet sich die Straße hinter Máguez noch einmal in die Höhe, vorbei am Monte Corona. Am Aussichtspunkt *Mirador del Río (S. 50)*, einem weiteren Werk Manriques, ist der nördlichste Punkt der Rundfahrt erreicht. Auch hier beeindruckt, wie Manrique die Architektur der eigenartigen Landschaft angepasst hat. Die Aussicht auf die Nachbarinseln La Graciosa und Alegranza ist immer wieder ein Erlebnis.

Nächste Station ist *Orzola (S. 41)*. Dieser kleine, hübsche Fischerhafen schafft die Verbindung Graciosas zur Außenwelt. Oft ist der Seegang schon im Hafenbecken so stark, dass einem die Überfahrt als Abenteuer erscheint. An den Kaimauern und den Felsen am Hafenbecken lässt sich die Tide besonders deutlich ablesen: Der Unterschied zwischen Hoch- und Niedrigwasser kann hier bis zu 2,5 m betragen. Die guten Fischrestaurants am Hafen bieten sich für ein ausgedehntes Mittagessen an.

Nehmen Sie nun die LZ 1 Richtung Arrieta und Guatiza. An einigen kleinen, aber hübschen Stränden vorbei gelangen Sie zu den *Jameos del Agua (S. 40)* und der *Cueva de los Verdes (S. 39)*. Ein Besuch der beiden Höhlensysteme gehört zu jedem Lanzaroteurlaub. Sollte die Zeit indes schon zu knapp werden, bleiben die beiden Attraktionen einem weiteren Ausflug vorbehalten. Die Route führt jetzt über *Arrieta (S. 39)* nach *Guatiza (S. 40)*. Der Ort ist vor allem für seine weiten Opuntienfelder bekannt. Dort gedeihen die Cochenilleläuse, aus denen ein natürlicher, karminroter Farbstoff gewonnen wird. Am nördlichen Ortsende von Guatiza fällt ein überdimensionaler Stahlkaktus ins Auge, der von weitem erstaunlich echt aussieht. Das Denkmal weist auf Manriques letztes Kunstwerk hin: den *Kaktusgarten (S. 40)*. Dort sind fast 1500 Kakteenarten zu sehen, rund 10 000 einzelne Exemplare.

Von Guatiza aus führt die Straße durch die Vulkanlandschaft oberhalb der Feriensiedlung Costa Teguise zurück nach Arrecife.

2 DER SÜDEN: UNTERWEGS IM REICH DER VULKANE

Die südliche Tagestour ist vor allem geprägt vom urweltlichen Charakter der Vulkanlandschaft. Von Arrecife aus besucht man zunächst das Monumento al Campesino und fährt weiter nach Tiagua, wo mit dem Museo Agrícola El Patio eines der interessantesten Museen der Kanaren liegt. Weiter geht die Fahrt in die unwirkliche Vulkanwelt des Nationalparks Timanfaya, die ungewöhnliche Erlebnisse und Eindrücke verheißt. Die Route führt danach über das Musterdorf Yaiza zur Lagune von El Golfo und an der schwarzen Lavaküste entlang zu den Salinen von Janubio. Die Rückfahrt erfolgt über den Aussichtspunkt in Femés und

Islote de Hilario: das »Inselchen« am Eingang zum Nationalpark Timanfaya. Hier wird die Kraft des Höllenfeuers der Erde anschaulich

erreicht mit der berühmten Weinlandschaft La Geria einen weiteren Höhepunkt jedes Lanzaroteurlaubs. Über Mozaga führt die Tour zurück nach Arrecife. Die Fahrtstrecke beträgt 85 km.

Von Arrecife aus führt die Straße LZ 20 nach San Bartolomé und weiter zum Kreisverkehr bei Mozaga. Schon von weitem ist hier das *Monumento al Campesino* zu sehen *(S. 62),* ein Denkmal von – wen wundert's? – César Manrique. Die Straße führt direkt weiter zu dem weißen Dorf *Tiagua (S. 63)* mit seinen Windmühlen. Zwei davon stehen im *Museo Agrícola El Patio,* einem authentisch eingerichteten Freilichtmuseum, in dem lanzarotische Landwirtschaft anschaulich erklärt wird. Vom leibhaftigen Dromedar bis zur 200 Jahre alten Weinpresse ist alles zu sehen, was für die Inselbauern einst von Bedeutung war. Der nächste Ort, *Mancha Blanca (S. 60),* liegt schon fast am Rande des Timanfaya-Nationalparks. Gut zu erkennen ist, wo die Lavamassen 1735 kurz vor dem Ort Halt machten.

Beim Beginn der Lavafelder liegt rechts das *Centro de Visitantes (S. 67).* Dieses Informationszentrum sollten Sie unbedingt aufsuchen, ehe Sie zu den Feuerbergen weiterfahren, denn es liefert anschauliche Informationen zur Entstehungsgeschichte jener fremdartigen Landschaft.

Die Grenze des eigentlichen *Nationalparks (S. 66)* wird von Holztafeln markiert, auf denen ein kleiner Teufel, der *Diablo de Timanfaya,* thront. Biegen Sie dann nach rechts auf die schmale Asphaltstraße ein, die zum *Islote de Hilario* führt. Zuvor allerdings ist das Eintrittsgeld für den Nationalpark zu entrichten. Am Panoramarestaurant, vor dem überraschende Tricks und Effekte mit dem Höllenfeuer der Erde vorgeführt werden, müssen Sie Ihren Wagen abstellen. Ein Rundfahrtbus bringt Sie von hier über die *Ruta de los Volcanes (S. 67)* an die schönsten Stellen der Feuerberge.

Nach Verlassen des Nationalparks treffen Sie nach einigen Kilometern Richtung Yaiza auf die *Dromedarstation (S. 66)*, von wo aus kurze, geführte Ausritte unternommen werden.

Yaiza (S. 79), ein hübscher, weißgrün leuchtender Ort, liefert einen denkwürdigen Kontrast zu der umgebenden dunklen Landschaft und gilt als Musterbeispiel lanzarotischer Architektur. Das Dorf heimste mit großer Regelmäßigkeit Schönheitspreise ein. Besonders verträumt ist die baumbestandene Plaza de los Remedios, auf der einen Seite begrenzt durch die gleichnamige alte Kirche, auf der anderen durch das sehenswerte Kulturzentrum. Wenn es passt, sollten Sie im Restaurant La Era zu Mittag essen. Es ist für viele das schönste der Insel.

Vom Kreisverkehr der Umgehungsstraße im Westen von Yaiza zweigt die LZ 704 nach *El Golfo (S. 76)*, der berühmten grünen Lagune an der Westküste, ab. Die skurrilen Felsen, die in allen Farben strahlen, die der Vulkanismus hervorbringt, setzen sich gegen das Hellgrün des Lagunenwassers ab und ergeben eine gänzlich unwirkliche Szenerie. Der Ort El Golfo selbst ist bekannt für seine guten Fischrestaurants.

Von El Golfo führt die Küstenstraße durch ein wildes Lavagebiet vorbei an der pechschwarzen Playa Montaña Bermeja zur nächsten Attraktion, *Los Hervideros (S. 77)*. Die Atlantikwogen haben hier Höhlen ausgewaschen, in denen sich vor allem in den Wintermonaten die meterhohen Wellen tosend brechen. Der Zugang ist durch eigens angelegte Treppen und Geländer hinreichend gesichert. Etwas weiter südlich liegt die größte Salzgewinnungsanlage Lanzarotes, die *Salinas de Janubio (S. 78)*. Vor zwei Jahrzehnten noch herrschte reger Betrieb an den streng geometrisch angelegten Quadraten der Verdunstungsbecken. Dann wurden Jahr für Jahr immer mehr Becken aufgegeben. Heute verlandet die Anlage zusehends.

Über *Playa Blanca* führt eine Straße zum Dorf *Femés (S. 75)*, das auf einem Bergsattel in 361 m Höhe liegt. Der Beiname des Ortes lautet *Balcón*, und entsprechend spektakulär ist die Aussicht.

Folgen Sie von Femés aus der Straße durch das Hochtal und weiter hinab bis zur Hauptstraße Yaiza–Arrecife. Dort hält man sich links und biegt am Rand des afrikanisch anmutenden Dorfes Uga gleich nach rechts in Richtung Masdache und La Geria ein. Kurz hinter Uga beginnt das über die Grenzen Lanzarotes hinaus bekannt gewordene Weinanbaugebiet *La Geria (S. 61)*. In Tausenden von schwarzen Trichtern, von halbrunden Trockenmauern umgeben, gedeihen hier Weinstöcke. Vielerorts laden Bodegas zur Weinprobe und zum Kauf ein; eine Kellerei bietet als besondere Attraktion ein Weinmuseum. Die Strecke führt durch die wohl fremdartigste Landschaft der Insel über Masdache bis nach Mozaga, wo Sie wieder auf Manriques weißes Bauerndenkmal treffen.

Wind, Wasser, Wandern

Am, auf oder im Atlantik locken zahlreiche Wassersportarten – doch auch an Land gibt es viele Möglichkeiten, Sport zu treiben

Windsurfen ist Sport Nummer eins auf Lanzarote. Gleitschirm- und Drachenfliegen hat der guten Thermik wegen an Popularität gewonnen. Auch zum Radfahren und Wandern ist die Insel ideal. Geführte Wanderungen im Nationalpark Timanfaya sind ein besonderes Erlebnis. Mehrere Tauchschulen bieten Kurse und Exkursionen in die faszinierende Welt des Meeres an. Darüber hinaus werden Golfen, Reiten, Angeln und Hochseefischen angeboten. Die Ferienzentren haben Tennis- und Squashplätze. Außerdem gibt es (zumeist von Mai bis Dezember) Events wie Beachvolleyball, Ironman, Fahrradrennen und Marathonläufe.

BIKEN

Der hügelige Norden der Costa Teguise ist mit guten Pisten in herrlicher Vulkanlandschaft ideal für Mountainbiking. Biker sollten aber auf keinen Fall von diesen auf vulkanisches Terrain wechseln. Denn das ist strikt verboten.

Costa Teguise: Bei *Tommy's* gibt es erstklassige Fahrräder und geführte Touren *(Mountainbike 10–30 Euro/Tag, 50–150 Euro/Woche, Touren 27–45 Euro)*. Besonders spannend ist die Tour »La Graciosa«. Insider Tipp *Mo–Sa 9.30–12 u. 17–19 Uhr, Calle de la Galeta 16, Tel. 928 59 23 27, www.tommys-bikes.com*

Puerto del Carmen: An mehreren Stellen kann man Fahrräder mieten. Zentral: *Renner Bikes, tgl. 10–13 und 17–19 Uhr, Centro Comercial Marítimo 25 Alto, Tel. 629 99 07 55. Mountainbike ab 9 Euro/Tag, 48 Euro/Woche, Rennrad ab 15 Euro/Tag, 91 Euro/Woche*

DRACHENFLIEGEN

Ein bevorzugter Startplatz für Drachenflieger ist die 502 m hohe Montaña Tinasoria bei Puerto del Carmen. Infos beim *Ala Delta Club Zonzamas, Arrecife, Tel. 928 81 52 03.*

Auch von verschiedenen Punkten des Risco de Famara und bei Mala kann man abheben. Doch ist auf Lanzarote vor der starken Thermik und raschen, unvorhersehbaren Windwechseln zu warnen. Es hat schon viele schwere Unfälle gegeben. Anfänger sollten deshalb ausschließlich unter fachlicher Aufsicht an den Start gehen.

Nur etwas für Könner: Wellenreiten vor dem Famara-Strand

Auch auf Lanzarote können Golfer ihrem Hobby nachgehen

GOLF

Die 18-Loch-Anlage *Golf Costa Teguise* wurde nördlich der Bebauung in die Einöde gelegt und großzügig mit Palmen begrünt. Auch Nichtmitglieder können auf dem Par-72-Kurs spielen (Handicapvorgabe). Es gibt Driving Range und Putting Green. Außerdem wird Golfunterricht angeboten. Die Ausrüstung und Buggies kann man leihen. Greenfee kostet 53 Euro, fünfmal Greenfee 214 Euro. *Tgl. 8–20 Uhr, Tel. 928 59 05 12, Fax 928 59 23 37, www.lanzarote-golf.com*

REITEN

Oberhalb von Puerto del Carmen liegt der Reitstall Rancho Texas. Ausritte kosten 21 Euro/1 Std. (für Anfänger) bzw. 54 Euro/3 Std. (für Fortgeschrittene). Abends sind verschiedene Events im Angebot. *Calle Noruega, Tel. 928 51 68 94, Fax 928 51 55 63, www.lanzarote.com/ranchotexas*

Etwas weiter außerhalb befindet sich *Lanzarote a Caballo*. Bei den Ausritten (1–5 Std., 30–60 Euro) ist man in Gruppen zu maximal 10–16 Personen unterwegs. Für Kinder ab acht Jahren gibt es sechs Ponys, auf denen sie ihre ersten Reitversuche machen können. *Carretera Arrecife–Yaiza km 17, Tel. 928 83 03 14, Fax 928 81 39 95, www.alturin.com*

TAUCHEN

Die Unterwasserfauna der Kanaren ist abwechslungsreich. Auch Schiffswracks werden betaucht. Ein eindrucksvolles Erlebnis ist der Dive an der Küste bei La Mala. In dem klaren Wasser leben auf dem Grund besonders viele Stachelrochen und Adlerrochen. Alle Tauchschulen verlangen einmalig einen Beitrag von 12 Euro für die Dekompressionskammer in Arrecife.

Costa Teguise: Die deutsche Tauchschule *Aquatis Diving Centre Lanzarote* bietet Dives und Unterricht (auch für Kinder) an. Der

Tauchgang kostet 26 Euro, mit Ausrüstung 38 Euro, Internationaler Tauchschein 361 Euro. *Apartado de Correos 104, Playa de las Cucharas, Tel. 928 59 04 07, Fax 928 59 25 48, www.diving-lanzarote.net*

Playa Blanca: Die Tauchschule *Las Toninas (Playa Flamingo Hotel)* bietet Ausbildung inklusive Prüfung und alle Arten von Tauchgängen an *(mit Ausrüstung 29–41 Euro, Tel. 928 51 73 00, Fax 928 51 76 42).*

Puerto del Carmen: Die Playa de la Barrilla nahe dem alten Hafen ist Ausgangspunkt vieler Dives. Anfänger tauchen am Ufer, weiter draußen finden sich für versierte Froschmänner interessante Spots, so die *Catedral*, eine 20 m messende Lavablase in senkrechter Wand. *Safari Diving*: Tauchgang mit Ausrüstung 35 Euro, Schnupperkurs 50 Euro, Scuba-Kurse ab 275 Euro. *Playa de la Barrilla 4, Tel. 928 51 19 92, www.safaridiving.com*

Puerto Calero: Bei *Island Watersports* gibt's den Tauchgang ab 30 Euro, den Scuba-Kurs ab 250 Euro. *Marina, Tel. 928 51 18 80, www.divelanzarote.com*

WANDERN

Vor allem in der Gegend des Parque Nacional de Timanfaya gibt es viel zu entdecken. Kostenlose Exkursionen (Anmeldungen mindestens zwei Wochen im Voraus) im Nationalpark führen Mitarbeiter des *Centro de Visitantes* durch. *Anmeldung: Mo bis Fr 9–15 Uhr, Tel. 928 84 08 39*

WELLENREITEN

Vor dem Famara-Strand mit seinen hohen, lang brechenden Wellen finden Surfer mit kurzen Brettern optimale Bedingungen. Achtung vor gefährlichen Strömungen! *Brettverleih (12 Euro pro Tag): Famara Surf School, El Marinero 39, Caleta de Fame, Tel. 928 52 86 76, famarasurf@hotmail.com*

WINDSURFEN

Die wichtigsten Spots liegen in Costa Teguise und Puerto del Carmen. Es gibt zwei Surfzentren, den Club La Santa und die Playa de las Cucharas in Costa Teguise. Vor den Famara-Stränden im stürmischen Meer mit unberechenbaren Strömungen trauen sich nur Cracks aufs Brett. Dort finden, ebenso wie in Costa Teguise, internationale Rennen statt.

Costa Teguise: An der Playa de las Cucharas wehen heftige Seitenwinde. Deutschsprachiger Verleiher ist *Windsurf Paradise, Calle la Corvina 8, Tel. 928 34 60 22, Fax 928 34 60 83, www.windsurflanzarote.com.* Ein Board kostet zwischen 20 und 25 Euro/1 Std. bzw. 35 und 40 Euro/4 Std., 45 und 50 Euro/Tag, 175 und 230 Euro/Woche, für einen kompletten Kurs müssen Sie zwischen 96 und 150 Euro zahlen.

Im Club La Santa sind auch Windsurfanfänger gut aufgehoben

Kinder erwünscht!

Auf Lanzarote sind Kinder überall willkommen

Kleine Gäste sind wichtige Gäste. In fast allen Ferienanlagen gibt es für Kinder Pools und Spielecken. Familienhotels, für die von einigen deutschen Veranstaltern gezielt geworben wird, bieten darüber hinaus auch tägliche Aufsicht und Animation mit Sport, Spiel, Shows und Kinderdiskos (bei Reisebuchung erfragen). Außerdem haben diese auch Kinderstühle in ihren Restaurants und kostenlose Babybetten in den Zimmern. Supermärkte führen alles Notwendige von Babynahrung über Spielzeug bis zu Windeln.

Obwohl die Apotheken der Insel alle gängigen Medikamente bereithalten und deutschsprachige Ärzte bei ernsten Erkrankungen vor Ort helfen, sollten Sie Thermometer und Fieber senkende Mittel dabeihaben. Oft genügen schon das veränderte Klima und die starke Sonne, um erhöhte Temperatur hervorzurufen.

Die geschützten Hausstrände von Puerto del Carmen und Playa Blanca sind für Kinder zum Baden besonders gut geeignet, weil es dort weder hohe Wellen noch Strömungen gibt. Costa Teguise ist wegen stärkerer Winde und Wellen dagegen für kleinere Kinder nur an der Playa del Jablillo zu empfehlen. Die Playa de Famara sollten Eltern mit ihren Kindern wegen des stürmischen Meeres und unberechenbarer Strömungen unbedingt meiden.

Kletterspaß in Puerto del Carmen

ARRECIFE

Spielplätze

Viele öffentliche Anlagen und Parks bieten große Sandkisten und gute Spielgeräte wie Klettergerüste, Schaukeln und Rutschen.

Der *Parque Infantil Deiland* Insider Tipp **[112 B–C5]** ist eine tolle Idee für Familien: Die Eltern gehen im Einkaufszentrum in Playa Honda vor den Toren Arrecifes in Ruhe shoppen. Und die Kleinen im Alter von 2 bis 12 Jahren können unter ständiger Aufsicht im klimatisierten Kinderpark auf riesigen Klettergerüsten, Trampolinen, Rutschen und vielem mehr toben, bis ihnen die Puste ausgeht. *LZ2 Arrecife–Puerto del Carmen, km 2, tgl. 10–22 Uhr, ab 3 Euro/Std., Tel. 928 82 09 93*

COSTA TEGUISE UND DER NORDEN

Aquapark **[113 D4]**

Das Süßwasserfreibad unterhalb der Golfanlage in Costa Teguise ist neben den Hotelpools die einzige Alternative zum Meer. Es gibt ein Dutzend

Wasserrutschen, mehrere Pools, Kleinkinderbecken, Trampolin, Miniskooter, Spielplatz, Sonnenliegen und eine Snackbar. Die Eintrittspreise sind allerdings eindeutig überhöht. An dem Wasserpark werden vor allem Kinder ab 6 Jahren ihren Spaß haben. *Tgl. 10–18 Uhr, Eintritt Erwachsene 21 Euro, Kinder 15 Euro, Liegen 2,50 Euro*

Insider Tipp **Ökofarm Las Pardelas** **[109 E4]**
Carlos Hernández hat mit seiner Frau und den fünf Kindern im Norden Lanzarotes einen außergewöhnlichen Naturpark geschaffen, in dem Jung und Alt Gelegenheit haben, in entspannter Atmosphäre Flora und Fauna der Insel kennen zu lernen. Besucher sind hier jederzeit herzlich willkommen. Esel, Kuh, Schweine und Enten laufen frei herum. In der Töpferei kann jeder nach Belieben kneten und werkeln und sein Erzeugnis hinterher mit nach Hause nehmen. Eine Ausstellung zeigt Lanzarote, wie es vor 30 Jahren ausgesehen hat, als es auf der Insel noch keinen Tourismus gab. Im Restaurant gibt es einfache, landestypische Gerichte. *Tgl. 10–19 Uhr, 1 km südlich von Orzola an der Straße nach Yé, Erwachsene 3 Euro, Kinder (bis 15 Jahre) 2,40 Euro*

Tropical Park **[109 D4]**
Bei Guinate im Norden liegt der Freizeitpark, ein 45 000 m2 großer Vogelpark mit Tukanen, Pfauen, Flamingos und anderem Vogelvieh aus aller Welt, aber auch Affen, Nasenbären und Japanischen Riesenkarpfen. Ein Erlebnis ist die begehbare Voliere, in der die Vögel frei um die Besucher herumfliegen. In der parkeigenen Brutstation kann man die Jungvögel bei der Aufzucht und mit etwas Glück auch beim Schlüpfen aus dem Ei beobachten. Besonders beliebt bei Kindern sind natürlich die mehrmals pro Tag stattfindenden Shows mit radelnden, rechnenden und andere Mätzchen machenden Papageien. Die Benennung der Tiere an den Volieren ist sehr lückenhaft. Empfehlenswert ist ein Besuch im Tropical Park für Familien mit Kindern ab vier Jahren. *Tgl. 10–17 Uhr, Eintritt Erwachsene 10 Euro, Kinder 4 Euro*

PUERTO DEL CARMEN UND DIE MITTE

Rancho Texas Park **[115 F4]**
Der frühere Pferdehof ist um einen kleinen Abenteuer- und Tierpark erweitert worden. Ein Siouxdorf lädt zum Indianerspielen ein, zu bestimmten Zeiten gibt es Vorführungen mit Papageien, Raubvögeln und Krokodilen. Reiten ist natürlich weiterhin im Rancho Texas Park möglich. *Tgl. 9.30–17.30 Uhr, auf der Calle Noruega Puerto del Carmen verlassen und die Umgehungsstraße unterqueren, Erwachsene 14 Euro, Kinder (3–12 Jahre) 9 Euro, www.lanzarote.com/ranchotexas*

NATIONALPARK TIMANFAYA

Dromedare **[110 C5]**
Außer Sonne, Sand und Meer hat Lanzarote vergleichsweise wenige für Kinder vorgesehene Attraktionen zu bieten. Das exotischste Erlebnis ist sicher ein Ritt durch den Timanfaya-Nationalpark. Kinder bekommen dabei, wenn sie zusammen mit einem Erwachsenen reiten, an ihren Tragesitz einen Sandsack angehängt. So wird der Gewichtsunterschied

Die Papageien, Stars zahlreicher Shows, sind vielerorts handzahm

ausgeglichen, damit das Dromedar nicht einseitig belastet wird. Wenn Sie darum bitten, dürfen Ihre kleineren Kinder in der Regel auch auf dem Rücken des Tieres selbst reiten, mit den Eltern rechts und links davon in den Sitzen. Geeignet für Kinder ab 3 Jahren. *Tgl. 9–16 Uhr, Dauer ca. 20 Minuten, Preis 10 Euro pro Dromedar*

PLAYA BLANCA UND DER SÜDEN

Piratenfahrt auf der Marea Errota [115 F4]

Pünktlich um 10 Uhr begrüßt der Respekt einflößend gekleidete Piratenkapitän Antonio seine Passagiere im Hafen von Playa Blanca. Wer möchte, kann an Bord erst einmal Seeräuberkleidung anlegen und sich schminken. Unter lautem Piratengeschrei sticht die 24 m lange Marea Errota in See. Wenn es die Windverhältnisse erlauben, werden an beiden Masten mit vereinten Kräften riesige weiße Segel gesetzt. Die Crew veranstaltet lustige Spiele und Wettbewerbe mit den Kindern. Höhepunkt ist die Suche nach der Piratenflagge, die umgehend gehisst wird. Zur Mittagszeit ankert das Schiff bei den Papagayo-Stränden, wo gebadet werden kann. Besonders Mutige schwingen sich an einem Seil über den Bootsrand hinaus und springen ins Meer. Anschließend gibt es zur Stärkung ein Mittagsbuffet und kalte Getränke. *Tgl. 10–15 Uhr, Erwachsene 42,50 Euro, Kinder 24 Euro.* Zwischen 15. Juni und 15. Okt. wird eine zweite Ausfahrt *(15.30–20 Uhr)* mit selbem Programm angeboten. Ein Bus holt die Teilnehmer an der nächstgelegenen Haltestelle ihres Hotels ab und bringt sie hinterher wieder dorthin zurück. *Anmeldung: Tel. 928 51 76 33, 676 96 54 03, www.mareaerrota.com*

Angesagt!

Was Sie wissen sollten über Trends, die Szene und Kuriositäten auf Lanzarote

Ausgehen

Sind bei uns die Diskotheken selten schon vor Mitternacht gefüllt, so gilt es in den In-Diskos in Arrecife als cool, erst ab 2 Uhr morgens dort die Nacht zu beginnen. Allerdings ist die Szene äußerst begrenzt, und nur freitags und samstags ist etwas los.

Liebeszeichen

Auf den Kanaren haben die Verliebten den Brauch, ihre Namen in einen Baum zu ritzen, abgewandelt: Sie legen sie aus Vulkansteinen in die Landschaft, gut zu sehen im Krater beim Castillo Santa Bárbara. Es gibt halt viel mehr Steine als Bäume auf der Insel.

Musik

Internationale Popmusik ist auch auf Lanzarote angesagt. Doch hat auch gute Folklore bei jungen Lanzaroteños Erfolg. *Los Buches* (CD *Parranda Marinera*) bringen die Musik der Fischer, *Los Campesinos* (CD *Isla con Viento*) traditionelle Malagueñas und Folías, *Acatife* (CD *Cantos de Lanzarote*) und *Charco San Ginés* (CD *Isla de Sol y Fuego*) Timplestücke. Zum Kennenlernen empfehlenswert sind die CDs *El Folklore de Lanzarote* mit lokalen und *Nueva Música Canaria* (mit Booklet) mit kanarischen Gruppen.

Savoir vivre

Lecker frühstücken und Kuchen schlemmen werden immer beliebter. Junge Leute sitzen bei Milchkaffee mit Brötchen oder Sahneschnitte in neu eröffneten Cafés und Konditoreien, die sich edel *croissantería* oder *boutique del pan*, »Brotboutique«, nennen.

Sport

Spanien gilt als Radnation, und das sieht man auch auf Lanzarote. Die Kids bevorzugen das Funbike. Auf dem Hinterrad sausen sie damit über die Plaza. Dass Wasser ihr Element ist, zeigen Könner beim Wellenreiten an der Playa de Famara. Ganz Mutige werfen sich bei Los Risquetes in die Brandung. Mitunter sieht man auch einen Bodysurfer, der nur mit seinem Körper durch die Welle gleitet. Bei Costa Teguise wird Kitesurfen betrieben. Der Surfer lässt sich dabei von einem Flugdrachen übers Wasser ziehen. Sind Lanzarotes Straßen wie leer gefegt, kann das nur einen Grund haben: Es gibt Fußball im Fernsehen.

Von Anreise bis Zoll

Hier finden Sie kurz gefasst die wichtigsten Adressen und Informationen für Ihre Lanzarotereise

ANREISE

Charterflüge sind die bequemste und billigste Anreise. Hapag Lloyd, LTU und Air Berlin fliegen direkt von vielen Städten in 4–4,5 Std. zur Insel. Flüge ohne Hotelbuchung kosten 300–450 Euro. Linienflüge mit Iberia sind teurer und umständlicher, da sie stets zwischenlanden.

Lanzarotes Flughafen liegt etwa 10–30 Autominuten von den Ferienzentren entfernt. Zu Stoßzeiten gibt es alle 30 Minuten eine direkte Busverbindung (Preis: ca. 1 Euro) nach Arrecife. Taxen kosten nach Puerto del Carmen ca. 9–10 Euro, nach Costa Teguise 13–15 Euro und nach Playa Blanca etwa 27–30 Euro.

Vom südspanischen Cádiz fährt jeden Dienstag um 19 Uhr die Autofähre der Compañía Trasmediterránea in 39 Std. nach Las Palmas auf Gran Canaria (Rückfahrt samstags). Dienstags, donnerstags, samstags fährt von dort aus in 8 Std. eine Autofähre nach Arrecife.

Die einfache Überfahrt kostet ab 210 Euro pro Person (in der 4-Bett-Kabine) nach Las Palmas, plus ab 25 Euro (Decksessel) nach Arrecife. Der PKW kostet 175 Euro nach Las Palmas, plus 60 Euro nach Arrecife. Buchung über Reisebüros.

AUSKUNFT VOR DER REISE

Spanische Fremdenverkehrsämter

www.tourspain.es
– *Kurfürstendamm 63, 10707 Berlin, Tel. 030/882 65 43, Fax 882 66 61*
– *Grafenberger Allee 100, 40237 Düsseldorf, Tel. 0211/680 39 80, Fax 680 39 85*
– *Myliusstr. 14, 60323 Frankfurt, Tel. 069/72 50 33, Fax 72 53 13*
– *Postfach 151 940, 80051 München, Tel. 089/530 74 60 , Fax 53 07 46 20*
– *Walfischgasse 8–14, 1010 Wien, Tel. 01/512 95 80, Fax 512 95 81*
– *Seefeldstr. 19, 8008 Zürich, Tel. 01/252 79 30, Fax 252 62 04*

AUSKUNFT AUF LANZAROTE

Patronato de Turismo
Broschüren, Infos. *Blas Cabrera Felipe, Arrecife, Mo–Fr 9–15 Uhr, Tel. 928 81 17 62, Fax 928 80 00 80, www.turismolanzarote.com; Flughafeninfoschalter tgl. geöffnet, Auskünfte Tel. 928 82 07 04*

BANKEN & KREDITKARTEN

Am billigsten und schnellsten sind Geldautomaten, aus denen Sie Bargeld auf EC- und Kreditkarte (mit Geheimzahl) ziehen können.

In fast allen Hotels, vielen Geschäften, Restaurants und Tankstellen werden Kreditkarten akzeptiert.

Banköffnungszeiten: *Mo–Fr 8.30–14, Sa 8.30–13 Uhr,* einige Banken haben auch einmal pro Woche nachmittags geöffnet.

BUSSE

Vom zentralen Busbahnhof in Arrecife, der *Estación de Guaguas (Vía Medular, beim Stadion, Auskunft tgl. 8–20 Uhr, Tel. 928 81 15 22),* fahren Linienbusse zu allen größeren Dörfern, wenn auch oft nur ein- bis zweimal täglich. Die Busse nennt man auf den Kanaren *guagua.* Als wichtigste Ferienzentren werden Puerto del Carmen (Linie 2) und Costa Teguise (Linie 1) Mo–Fr alle 20 Minuten, Sa–So alle 30 Minuten angesteuert, Playa Blanca (Linie 6) Mo–Fr zwölfmal pro Tag, Sa und So sechs- bis achtmal. Abo-Karten *(tarjeta bono)* gibt es für 12 und 22 Euro.

CAMPING

Es gibt keine offiziellen Zeltplätze. Wildes Campen wird aber an vielen Stränden geduldet. Vergessen Sie nicht, all' ihre Abfälle zu entsorgen!

DIPLOMATISCHE VERTRETUNGEN

Zuständig sind die Konsulate auf Gran Canaria.

Deutsches Konsulat

Calle Albareda 3, Las Palmas de Gran Canaria, Tel. 928 49 18 80, Mo–Fr 9–12 Uhr

Österreichisches Konsulat

Hotel Eugenia Victoria, Avda de Gran Canaria 26, Playa del Inglés, Gran Canaria, Tel. 928 76 25 00, Mo–Fr 10–13 Uhr

Konsulat der Schweiz

Calle Domingo Rivero 2 (Ecke Juan XXIII), Las Palmas de Gran Canaria, Tel. 928 29 34 50, Mo–Fr 9–13 Uhr

FKK

Oben ohne wird toleriert, FKK ist aber nur an den hinteren Papagayo-Stränden bei Playa Blanca üblich. Und zwischen Guatiza und Mala liegt das abgeschiedene FKK-Dorf *Castillo de Papagayo (Tel. 928 17 31 76, Fax 928 17 31 75),* das über *Oböna-Reisen (Postfach 1449, 61214 Bad Nauheim, Tel. 06032/960 90, Fax 835 64, www.oboena.de)* gebucht werden kann.

GESUNDHEIT

Gebrechliche Menschen unterschätzen oft die körperliche Belastung durch die plötzliche Klimaumstellung. Dies gilt besonders im Sommer. Bei labilem Kreislauf ist daher ein Besuch im Winter besser. Verhalten Sie sich in den ersten Tagen vorsichtig beim Nahrungs- und Genussmittelkonsum. Das Leitungswasser ist trinkbar, sollte aber nicht in größeren Mengen genossen werden. Mineralwasser in Plastikflaschen ist in allen Supermärkten erhältlich.

Gegen gelegentlich verstärkt auftretende Mücken helfen insektenabwehrende Lotions. Wer sehr empfindlich ist, bringt sich ein Moskitonetz mit.

Ärzte

Wer das Formular E 111 seiner Krankenkasse dabeihat, wird von Ärzten, die der Seguridad Social angeschlossen sind, gratis behandelt. Andernfalls sollte man eine detaillierte Rechnung *(factura)* verlangen, um sich zu Hause die Auslagen mindestens teilweise erstatten zu lassen.

Arrecife: *Zahnarzt Dr. Schrödl, Calle Méjico 1 (Edificio La Florida, 1), Tel. 928 81 66 61*

Costa Teguise: *Deutsch-Britische Klinik, Centro Comercial Plaza Tandarena 25, Tel. 928 59 21 25; Dr. Mager, Centro Comercial Plaza Tandarena 25, Tel. 928 82 60 72*

Playa Blanca: *Clínica Dr. Mager, Avda de la Llegada 1, Tel. 928 51 79 38*

Puerto del Carmen: *Clínica Lanzarote, Avda de las Playas 5 (bei Centro Comercial Los Fariones), Tel. 928 51 31 71; Dr. Mager, Avda de las Playas 37, Tel. 928 51 26 11*

Apotheken

Die Apotheken *(farmacias)* sind am grünen Malteserkreuz erkennbar. *Öffnungszeiten: Mo–Fr 9–13.30, 16–20.30, Sa 9–13 Uhr.* Das Schild »Farmacia de Guardia« weist außerhalb der Öffnungszeiten auf die nächste Notdienstapotheke hin.

INTERNET

Übersichtlich und mehrsprachig (je nach Anbieter) informiert *www.lanzarote.com* über alle Bereiche des täglichen Lebens – von Kino bis Gastronomie. Touristische Belange (Hotels, Mietwagen) deckt *www.abcanarias.com* ab. Die Inselregierung bietet unter *www.cabildodelanzarote.com* (auf Spanisch) viele Informationen zu öffentlichen Institutionen, Festivals und Veranstaltungen auf Lanzarote. Die Website des Touristikamtes *www.turismolanzarote.com* informiert auf Deutsch vielfältig auch über Kultur, Strände und Meer, Sport und lokale Feste. Unter *www.canariasonline.com* finden sich Anbieter von Unterkünften auf Deutsch und viele weitere Informationen auf Spanisch.

INTERNETCAFÉS

– O@sis, Playa Blanca, Avda de Papagayo 8, Tel. 928 51 91 06, oasisplayablanca@hotmail.com
– MoviStar World & Play, Puerto del Carmen, Avda de las Playas 51 (nahe Harley Rock), Tel. 928 65 34 99 – Preise: 1,50 Euro/15 Minuten, 2,70 Euro/30 Minuten, 4,50 Euro/1 Std.
– Informática y Cibernet, Tinajo, Avda de los Volcanes 3, Tel. 928 84 00 44, infociber@wanadoo.es, minutengenaue Abrechnung, 3 Cent/Minute

KLIMA & REISEZEIT

Das milde Klima Lanzarotes zeichnet sich durch geringe Temperaturschwankungen aus und lockt daher das ganze Jahr über Besucher an. Im Sommer kann es jedoch zeitweise drückend heiß werden, im Winter wird es bei stetem Passat abends recht kühl. Insofern gehören, je nach Reisezeit, leichte Baumwoll- bzw. Leinenkleidung und eine entsprechende Kopfbedeckung, aber auch ein Pullover und eine Regenjacke ins Reisegepäck.

Beste Reisezeit sind die mäßig warmen Monate November bis

Wetter in Arrecife

	Jan.	Feb.	März	April	Mai	Juni	Juli	Aug.	Sept.	Okt.	Nov.	Dez.
Tagestemperaturen in °C	21	22	23	23	23	25	28	29	29	27	25	20
Nachttemperaturen in °C	13	13	14	14	15	16	18	18	18	19	16	14
Sonnenschein Std./Tag	6	7	8	9	9	9	9	9	7	7	6	6
Niederschlag Tage/Monat	3	2	2	1	0	0	0	0	1	1	4	5
Wassertemperaturen in °C	18	18	17	17	18	20	20	21	22	22	20	19

März. Während der Ferienmonate August und September und um Ostern kommen viele Festlandspanier.

LITERATUR

– *Rafael Arozarena: Mararia.* Die Geschichte einer Frau aus Femés, die einst das verführerischste Mädchen von Lanzarote war.
– *Ernst Brandauer: Hexe auf Lanzarote.* Sex and Crime auf der Vulkaninsel. Brandauers Buch ist die ideale Poollektüre.
– *Michel Houellebecq: Lanzarote.* Fotoband und Erzählung, in der Frankreichs Edelmiesepeter bei einem ungeliebten Lanzaroteurlaub doch eine Menge Spaß hat.

MEDIEN

Über Kabelnetze und Satellitenantennen können in vielen Hotel- und Apartmentanlagen die meisten deutschen Fernsehprogramme empfangen werden. Die Deutsche Welle sendet auf mehreren Kurzwellenfrequenzen rund um die Uhr. Der deutsche Lokalsender »Radio Europa« strahlt auf UKW 102,5 von Puerto del Carmen tgl. 8 bis 24 Uhr ein eigenes Inselprogramm mit viel Musik, Informationen und Nachrichten aus. In den Ferienzentren sind (vor allem in den großen Einkaufszentren) deutsche Zeitungen und Zeitschriften erhältlich.

MIETWAGEN

Mietwagenfirmen sind im Flughafen in Arrecife, allen Ferienzentren und vielen Hotels in großer Zahl vertreten. Ein Kleinwagen kostet ab ca. 20 Euro pro Tag, für zwei Wochen muss man mit 270 Euro rechnen (inklusive Steuern und Vollkaskoversicherung). Geländewagen, Motorräder und Trikes sind erheblich teurer. Einige Anbieter haben auch familienfreundliche Kombis. Wer seinen Mietwagen von Playa Blanca aus mit auf die Fähre nach Fuerteventura nehmen möchte, muss das beim Vermieter vorher anmelden. Angebote für Autovermietungen finden Sie unter *www.marcopolo.de.*

Was kostet wie viel?

Mahlzeit	**ab 7 Euro** für Tagesgericht und Getränk in einem einfachen Lokal
Kaffee	**90 Cent** für einen *cortado*
Wasser	**1 Euro** für ein Glas Mineralwasser
Wein	**ab 4,50 Euro** für eine Karaffe Wein (1/2 l)
Benzin	**58 Cent** für einen Liter Eurosuper
Busfahrt	**1 Euro** für eine Strecke von 12 km

NOTRUF

Über die Telefonnummer 112 werden Notfälle aller Art (Polizei, Feuer, Krankenwagen, Unfall) aufgenommen und an die entsprechende Stelle weitergeleitet.

POST

Ein Brief *(carta)* oder eine Postkarte *(postal)* ins EU-Ausland und die

Schweiz ist mit Briefmarken *(sellos)* zu 52 Cent zu frankieren.

PREISE

Die Preise für Dienstleistungen (etwa für Reparaturen) sind deutlich niedriger als bei uns. Das Gleiche gilt für Lokale mit nichttouristischem Charakter. Dort kostet ein Bier runde 1,50 Euro, eine Tapa 2,50 Euro und ein Tagesgericht 4,50 Euro. In den Ferienzentren bezahlt man allerdings oft das Doppelte. Lebensmittel, besonders importierte (und das sind auf Lanzarote nun mal die meisten) sind z.T. deutlich teurer als zu Hause. Ein Eis kostet 2 Euro, eine Flasche Inselwein ab 6 Euro.

TAXIS

Taxis tragen ein Dachschild mit grüner Leuchte und Nummer sowie ein »SP« am Nummernschild. Alle sind lizenziert und mit Taxameter ausgestattet. Er sollte vor jeder Fahrt eingeschaltet werden. Die Grundgebühr beträgt rund 2,20 Euro, 1 km kostet 65 Cent. Bei Inselrundfahrten sollten Sie den Preis vorher vereinbaren.

TELEFON & HANDY

Nach Hause telefonieren können Sie von jeder Telefonzelle aus. Die meisten der Automaten funktionieren mit Münzen und mit Telefonkarten *(tarjeta telefónica)*, die es in Läden und an Zeitungskiosken zu kaufen gibt. Ein Dreiminutengespräch kostet Sie etwa 1,30 Euro.
Vorwahl Deutschland: 0049
Vorwahl Österreich: 0043
Vorwahl Schweiz: 0041
Danach die Ortsnetzkennzahl ohne die 0 und die Teilnehmernummer. In den Ferienorten gibt es Telefonzentralen, in denen man nach Beendigung des Gesprächs bezahlt.

Vorwahl Lanzarote wie für Spanien generell: 0034. Daran schließt direkt die neunstellige Teilnehmernummer an.

Handybenutzer sollten Folgendes wissen. Die Minutentarife für Telefonate nach Hause variieren je nach Wochentag und Tageszeit zwischen 0,35 und 0,88 Euro plus einmalig zwischen 0,12 und 0,38 Euro pro Verbindung. Für jeden empfangenen Anruf wird je nach Anbieter zwischen 0,56 und 0,66 Euro/Minute fällig. Es gibt spanische Prepaid-Karten für das Mobiltelefon, mit denen die Gespräche deutlich weniger kosten. Sie lohnen sich allerdings nur für Vieltelefonierer, da die einmalige Einrichtungsgebühr rund 40 Euro beträgt.

ZEIT

Auf den Kanarischen Inseln ist die Uhr gegenüber Mitteleuropa stets eine Stunde zurückzustellen.

ZOLL

Bei der Einreise auf die Kanaren gibt es keine Zollkontrolle, bei der Einreise nach Deutschland und Österreich wegen der EU-Zugehörigkeit oftmals auch nicht. Wegen des besonderen Steuerstatus der Inseln gelten aber dennoch Höchstmengen (auch für die Schweiz). Jede Person über 17 Jahre darf zollfrei ausführen: 200 Zigaretten oder 50 Zigarren oder 250 g Tabak, 50 g Parfum oder 250 cl Eau de Cologne, 1 l Spirituosen, 2 l Wein.

¿Hablas español?

»Sprichst du Spanisch?«
Dieser Sprachführer hilft Ihnen, die wichtigsten Wörter und Sätze auf Spanisch zu sagen

Zur Erleichterung der Aussprache:

c	vor »e« und »i« stimmloser Lispellaut stärker als engl. »th«
ch	stimmloses »tsch« wie in »tschüss«
g	vor »e, i« wie deutsches »ch« in »Bach«
gue, gui/que, qui	das »u« ist immer stumm, wie deutsches »g«/»k«
j	immer wie deutsches »ch« in »Bach«
ll, y	wie deutsches »j« zwischen Vokalen. Bsp.: Mallorca
ñ	wie »gn« in »Champagner«

AUF EINEN BLICK

Ja./Nein.	Sí./No.
Vielleicht.	Quizás./Tal vez.
In Ordnung./Einverstanden!	¡De acuerdo!/¡Está bien!
Bitte./Danke.	Por favor./Gracias.
Vielen Dank!	Muchas gracias.
Gern geschehen.	No hay de qué./De nada.
Entschuldigung!	¡Perdón!
Wie bitte?	¿Cómo dice/dices?
Ich verstehe Sie/dich nicht.	No le/la/te entiendo.
Ich spreche nur wenig …	Hablo sólo un poco de …
Können Sie mir bitte helfen?	¿Puede usted ayudarme, por favor?
Ich möchte …	Quiero …/Quisiera …/Me gustaría …
Das gefällt mir (nicht).	(No) me gusta.
Haben Sie …?	¿Tiene usted …?
Wie viel kostet es?	¿Cuánto cuesta?

KENNENLERNEN

Guten Morgen!	¡Buenos días!
Guten Tag!	¡Buenos días!/¡Buenas tardes!
Guten Abend!	¡Buenas tardes!/¡Buenas noches!
Hallo! Grüß dich!	¡Hola! ¿Qué tal?
Ich heiße …	Me llamo …
Wie ist Ihr Name, bitte?	¿Cómo se llama usted, por favor?
Wie geht es Ihnen/dir?	¿Cómo está usted?/¿Qué tal?

Danke. Und Ihnen/dir?	Bien, gracias. ¿Y usted/tú?
Auf Wiedersehen!	¡Adiós!
Tschüss!	¡Adiós!/¡Hasta luego!
Bis morgen!	¡Hasta mañana!

UNTERWEGS

Auskunft

links/rechts	a la izquierda/a la derecha
geradeaus	todo seguido/derecho
nah/weit	cerca/lejos
Wie weit ist das?	¿A qué distancia está?
an der Ampel	al semáforo
an der nächsten Ecke	en la primera esquina
Bitte, wo ist …	Perdón, ¿dónde está …
… der Busbahnhof?	… la estación de autobuses?
… die Haltestelle?	… la parada?
Fahrplan	horario
Eine Fahrkarte nach … bitte.	Un billete para …, por favor.
Ich möchte hier aussteigen.	Quiero bajar aquí.
Ich möchte … mieten.	Quisiera alquilar …
… ein Auto…	… un coche.
… ein Boot…	… un barco.

Panne

Ich habe eine Panne.	Tengo una avería.
Würden Sie mir bitte einen Abschleppwagen schicken?	¿Puede usted enviarme un cochegrúa, por favor?
Gibt es hier in der Nähe eine Werkstatt?	¿Hay algún taller por aquí cerca?

Tankstelle

Wo ist bitte die nächste Tankstelle?	¿Dónde estála gasolinera más cercana, por favor?
Ich möchte … Liter …	Quisiera … litros de …
… Normalbenzin.	… gasolina normal.
… Super./… Diesel.	… súper./… diesel.
Voll tanken, bitte.	Lleno, por favor.

Unfall

Hilfe!	¡Ayuda! / ¡Socorro!
Achtung!	¡Atención!
Rufen Sie bitte schnell …	Llame enseguida …
… einen Krankenwagen.	… una ambulancia.
… die Polizei.	… a la policía.
… die Feuerwehr.	… a los bomberos.

Haben Sie Verbandszeug?	¿Tiene usted botiquín de urgencia?
Es war meine Schuld.	Ha sido por mi culpa.
Es war Ihre Schuld.	Ha sido por su culpa.
Geben Sie mir bitte Ihren Namen und Ihre Anschrift.	¿Puede usted darme su nombre y dirección?

ESSEN/UNTERHALTUNG

Wo gibt es hier …	¿Dónde hay por aquí cerca …
… ein gutes Restaurant?	… un buen restaurante?
… ein nicht zu teures Restaurant?	… un restaurante no demasiado caro?
Reservieren Sie uns bitte für heute Abend einen Tisch für vier Personen.	¿Puede reservarnos para esta noche una mesa para cuatro personas?
Die Speisekarte, bitte.	La carta, por favor.
Könnte ich bitte ... haben?	¡Tráigame..., por favor!
… ein Messer?	… un cuchillo?
… eine Gabel?	… un tenedor?
… einen Löffel?	… una cuchara?
Auf Ihr Wohl!	¡Salud!
Bezahlen, bitte.	¡La cuenta, por favor!

EINKAUFEN

Wo finde ich …	Por favor, ¿dónde hay …
... eine Apotheke?	... una farmacia?
... eine Bäckerei?	... una panadería?
... ein Fotogeschäft?	... una tienda de artículos fotográficos?
... ein Einkaufszentrum?	... un centro comercial?
... ein Lebensmittelgeschäft?	... una tienda de comestibles?
... den Markt?	... el mercado?

ÜBERNACHTUNG

Können Sie mir bitte … empfehlen?	Perdón, señor/señora/señorita. ¿Podría usted recomendarme …
… ein Hotel...	… un hotel?
… eine Pension...	… una pensión?
Ich habe ein Zimmer reserviert.	He reservado una habitación.
Haben Sie noch …	¿Tienen ustedes …
… ein Einzelzimmer?	… una habitación individual?
… ein Zweibettzimmer?	… una habitación doble?
… mit Dusche/Bad?	… con ducha/baño?
… für eine Nacht?	… para una noche?

… für eine Woche?	… para una semana?
… ein ruhiges Zimmer?	… una habitación tranquila?
Was kostet das Zimmer mit …	¿Cuánto cuesta la habitación con …
… Frühstück?	… desayuno?
… Halbpension?	… media pensión?

PRAKTISCHE INFORMATIONEN

Arzt

Können Sie mir einen guten Arzt empfehlen?	¿Puede usted indicarme un buen médico?
Ich habe hier Schmerzen.	Me duele aquí.
Ich habe …	Tengo …
… Kopfschmerzen.	… dolor de cabeza.
… Zahnschmerzen.	… dolor de muelas.
… Durchfall.	… diarrea.
… Fieber.	… fiebre.

Post

Was kostet …	¿Cuánto cuesta …
… ein Brief …	… una carta …
… eine Postkarte …	… una postal …
… nach Deutschland?	… para Alemania?
Eine Briefmarke, bitte.	Un sello, por favor.

ZAHLEN

0	cero	19	diecinueve
1	un, uno, una	20	veinte
2	dos	21	veintiuno, -a, veintiún
3	tres	22	veintidós
4	cuatro	30	treinta
5	cinco	40	cuarenta
6	seis	50	cincuenta
7	siete	60	sesenta
8	ocho	70	setenta
9	nueve	80	ochenta
10	diez	90	noventa
11	once	100	cien, ciento
12	doce	200	doscientos, -as
13	trece	1000	mil
14	catorce	2000	dos mil
15	quince	10000	diez mil
16	dieciséis		
17	diecisiete	1/2	medio
18	dieciocho	1/4	un cuarto

Reiseatlas Lanzarote

Die Seiteneinteilung für den Reiseatlas finden Sie auf dem hinteren Umschlag dieses Reiseführers

Kartenlegende Reiseatlas

Deutsch		English
Autobahn · Gebührenpflichtige Anschlussstelle · Gebührenstelle · Anschlussstelle mit Nummer · Rasthaus mit Übernachtung · Raststätte · Kleinraststätte · Tankstelle · Parkplatz mit und ohne WC	Trento 11	Motorway · Toll junction · Toll station · Junction with number · Motel · Restaurant · Snackbar · Filling-station · Parking place with and without WC
Autobahn in Bau und geplant mit Datum der Verkehrsübergabe	Datum Date	Motorway under construction and projected with completion date
Zweibahnige Straße (4-spurig)		Dual carriageway (4 lanes)
Fernverkehrsstraße · Straßennummern	14 E45	Trunk road · Road numbers
Wichtige Hauptstraße		Important main road
Hauptstraße · Tunnel · Brücke		Main road · Tunnel · Bridge
Nebenstraßen		Minor roads
Fahrweg · Fußweg		Track · Footpath
Wanderweg (Auswahl)		Tourist footpath (selection)
Eisenbahn mit Fernverkehr		Main line railway
Zahnradbahn, Standseilbahn		Rack-railway, funicular
Kabinenschwebebahn · Sessellift		Aerial cableway · Chair-lift
Autofähre		Car ferry
Personenfähre		Passenger ferry
Schifffahrtslinie		Shipping route
Naturschutzgebiet · Sperrgebiet		Nature reserve · Prohibited area
Nationalpark, Naturpark · Wald		National park, natural park · Forest
Straße für Kfz. gesperrt		Road closed to motor vehicles
Straße mit Gebühr		Toll road
Straße mit Wintersperre	XII-II	Road closed in winter
Straße für Wohnanhänger gesperrt bzw. nicht empfehlenswert		Road closed or not recommended for caravans
Touristenstraße · Pass	Weinstraße 1510	Tourist route · Pass
Schöner Ausblick · Rundblick · Landschaftlich bes. schöne Strecke		Scenic view · Panoramic view · Route with beautiful scenery
Heilbad · Schwimmbad		Spa · Swimming pool
Jugendherberge · Campingplatz		Youth hostel · Camping site
Golfplatz · Sprungschanze		Golf-course · Ski jump
Kirche im Ort, freistehend · Kapelle		Church · Chapel
Kloster · Klosterruine		Monastery · Monastery ruin
Schloss, Burg · Schloss-, Burgruine		Palace, castle · Ruin
Turm · Funk-, Fernsehturm		Tower · Radio-, TV-tower
Leuchtturm · Kraftwerk		Lighthouse · Power station
Wasserfall · Schleuse		Waterfall · Lock
Bauwerk · Marktplatz, Areal		Important building · Market place, area
Ausgrabungs- u. Ruinenstätte · Bergwerk		Arch. excavation, ruins · Mine
Dolmen · Menhir · Nuraghen		Dolmen · Menhir · Nuraghe
Hünen-, Hügelgrab · Soldatenfriedhof		Cairn · Military cemetery
Hotel, Gasthaus, Berghütte · Höhle		Hotel, inn, refuge · Cave
Kultur		**Culture**
Malerisches Ortsbild · Ortshöhe	WIEN (171)	Picturesque town · Elevation
Eine Reise wert	★★ MILANO	Worth a journey
Lohnt einen Umweg	★ TEMPLIN	Worth a detour
Sehenswert	Andermatt	Worth seeing
Landschaft		**Landscape**
Eine Reise wert	★★ Las Cañadas	Worth a journey
Lohnt einen Umweg	★ Texel	Worth a detour
Sehenswert	Dikti	Worth seeing
Ausflüge & Touren		**Excursions & tours**

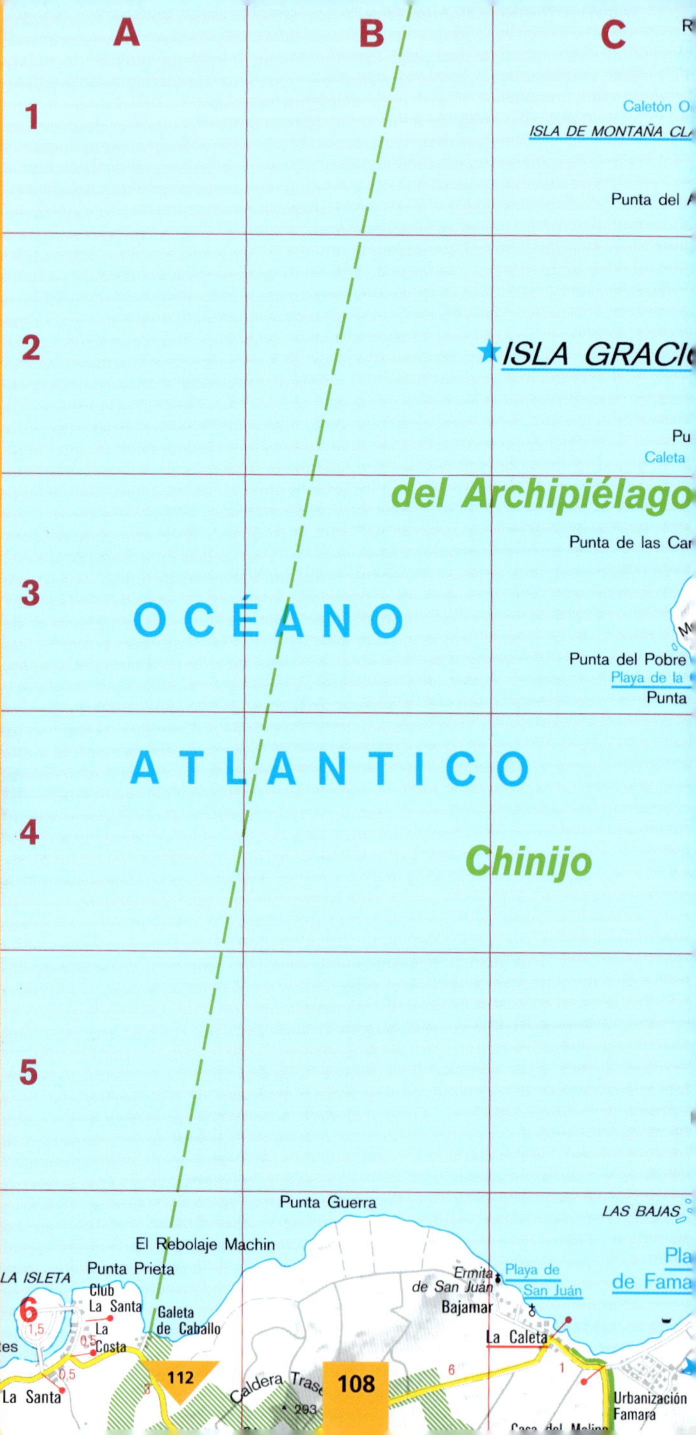

A
B
C
1
2
3
4
5
6
Caletón O
ISLA DE MONTAÑA CL
Punta del
ISLA GRACI
Pu
Caleta
del Archipiélago
Punta de las Ca
OCÉANO
Punta del Pobre
Playa de la
Punta
ATLANTICO
Chinijo
Punta Guerra
LAS BAJAS
El Rebolaje Machin
LA ISLETA
Punta Prieta
Club
La Santa
Galeta
de Caballo
La
Costa
1,5
0,5
0,5
La Santa
112
Caldera Trase
293
108
6
3
Ermita
de San Juán
Playa de
San Juán
Bajamar
La Caleta
1
Pla
de Fama
Urbanización
Famara

D
E
F
1
2
3
4
5
6
Punta de la Camella
Parque Natural
Punta Gorda
Montaña Bermeja
157
Playa Lambra
Punta del Hueso
Pedro Barba
Punta de Pedro Barba
Agujas Chicas
257
Punta de la Baja
Agujas Grandes
266
Caleta de Pedro Barba
Montaña del Mojón
185
La Sociedad
Caleta del Sebo
40 Min.
El Río
Punta Fariones
Punta Corrales
Bahía del Salado
La Punta
Playa de la Cantería
El Embarcadero
Batería
479
Salinas del Río
Mirador del Río
Orzola
Bajo de los Sables
Playa del Risco
El Risco
LZ203
LZ204
Vega Chica
Cerro Llano
Punta de Palo
LZ202
Casas La Breña
Punta Prieta
Casas de Bajo Risco
Las Rositas
Yé
La Bahía
Malpaís de la Corona
Parque Tropical
Guinate
609
Monte Corona
LZ1
Los Molinos
581
LZ201
Casas las Escamas
Los Helechos
Máguez
Escamas
LZ205
Las Cuevas
Cueva de los Verdes
Jameos del Agua
Atalaya
Punta Usaje
El Palmar
Boca Tiesto
Famara
El Cortijo
Playa La Seba
Los Picachos
Haría
(278)
LZ10
El Canto
Punta de Mujeres
Montaña Ganada
585
268
Valle de Temisa
Arrieta
LZ207
Los Helechos
Tabayesco
Playa de la Garita
671
487
Nieves
2km
109
113

A
B
C
1
2
3
4
5
6
OCÉANO
ATLÁNTICO
Playa Gaviota
Punta Gaviota
Playa de la Madera
Los
Parque
Punta del Paletón
Baja de la Piedra Dorada
El Volcán
Playa del Cochino
Parque Nacional
de Timanfaya
Ruta de los Volcanes
Los Cangrejos
Islote de Hilario
510
Playa del Paso
Punta del Jurado
Juán Perdomo
Montañas del Fuego
o de Timanfaya
El Golfo
El Golfo
Islote de la Vega
LZ704
Volcanes
72
226
Montaña de la Vieja Gabriela
3,5
LZ703
LZ67
Playa de Montaña Bermeja
Los Hervideros
0,5
Uga
Yaiza
(183)
Salinas de Janubio
LZ701
2,5
Las Hoyas
1,5
Punta del Volcán
La Hondura
Laguna de Janubio
0,5
449
Playa de Janubio
La Degollada
114
110
Las
de
Atalaya de Femés
LZ702
415

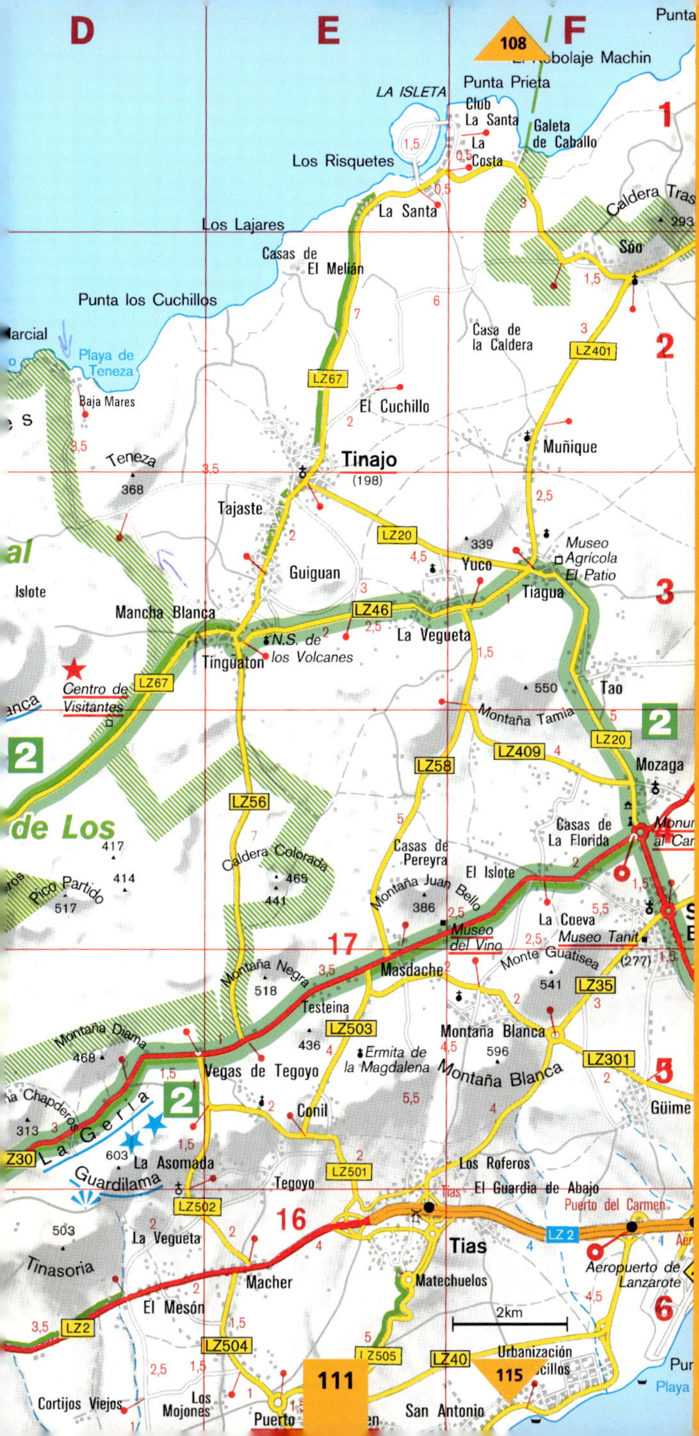
D
E
F
108
Punta
Robolaje Machin
Punta Prieta
LA ISLETA
Club La Santa
Galeta de Caballo
La Costa
Los Risquetes
La Santa
Caldera Tras
293
Los Lajares
Sóo
Casas de El Melián
Punta los Cuchillos
Casa de la Caldera
LZ401
Marcial
Playa de Teneza
LZ67
Baja Mares
El Cuchillo
Muñique
Teneza
368
Tinajo
(198)
Tajaste
LZ20
339
Yuco
Museo Agrícola El Patio
Guiguan
Tiagua
Islote
Mancha Blanca
LZ46
La Vegueta
N.S. de los Volcanes
Tinguatón
Centro de Visitantes
LZ67
550
Tao
Montaña Tamia
LZ20
LZ409
LZ58
Mozaga
LZ56
de Los
417
Casas de La Florida
Caldera Colorada
465
441
414
Pico Partido
517
Casas de Pereyra
El Islote
Montaña Juan Bello
386
La Cueva
Museo del Vino
Museo Tanit
17
Monte Guatisea
(277)
Masdache
Montaña Negra
518
541
LZ35
Testeina
LZ503
436
Montaña Diama
468
Montaña Blanca
596
Ermita de la Magdalena
LZ301
Vegas de Tegoyo
Montaña Blanca
Chapderos
La Geria
313
Conil
Güime
603
La Asomada
LZ501
Los Roferos
Guardilama
Tegoyo
Tías
El Guardia de Abajo
Puerto del Carmen
LZ502
503
16
La Vegueta
LZ 2
Tías
Tinasoria
Macher
Matechuelos
Aeropuerto de Lanzarote
El Mesón
2km
LZ2
LZ504
LZ505
LZ40
Urbanización
115
111
Cortijos Viejos
Los Mojones
Puerto
San Antonio
Playa
1
2
3
4
5
6

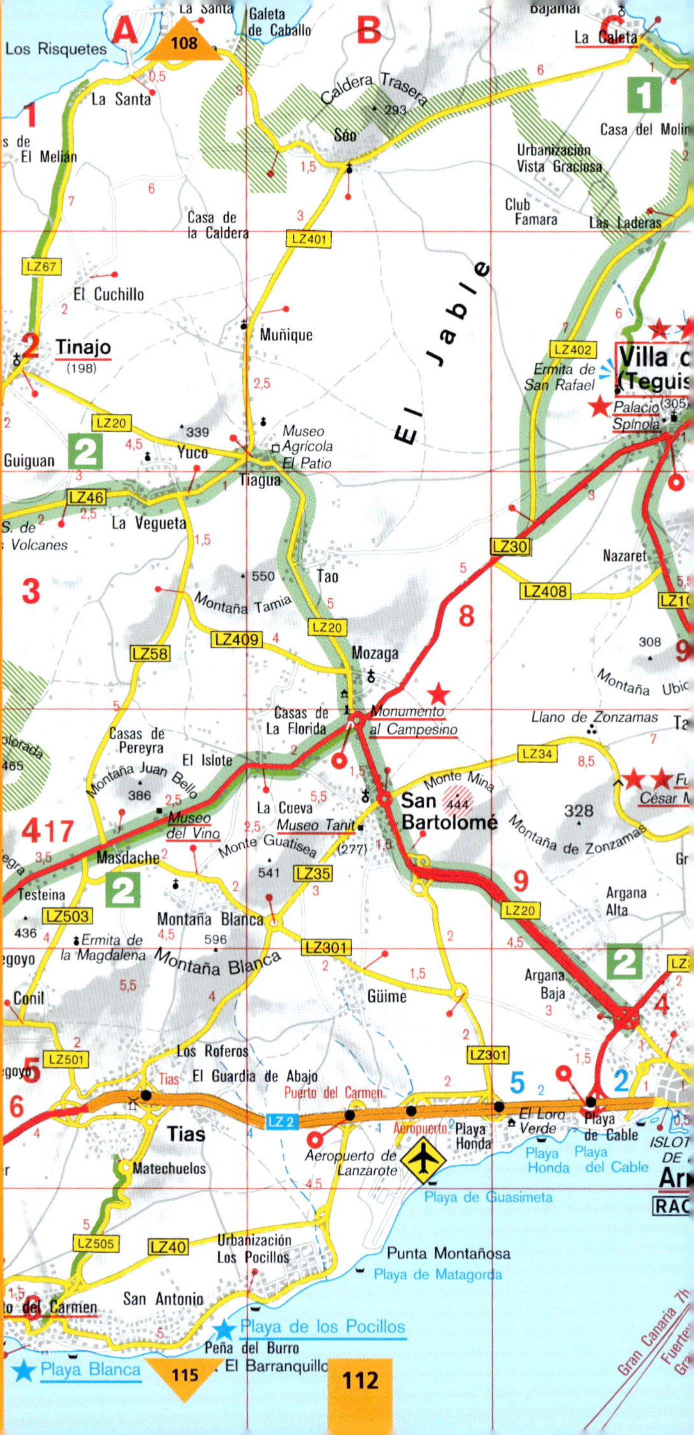

A
B
C
108
Los Risquetes
La Santa
Galeta de Caballo
Bajamar
La Caleta
Caldera Trasera
293
Sóo
Casa del Molin
Urbanización Vista Graciosa
Club Famara
Las Laderas
El Melián
Casa de la Caldera
LZ401
LZ67
El Cuchillo
Muñique
El Jable
LZ402
Ermita de San Rafael
Villa d
(Teguis
Palacio Spínola
(305)
Tinajo
(198)
LZ20
339
Yuco
Museo Agrícola El Patio
Tiagua
Guiguan
LZ46
La Vegueta
Volcanes
LZ30
Nazaret
LZ408
550
Tao
Montaña Tamia
LZ409
LZ20
LZ58
Mozaga
308
Montaña Ubic
Casas de La Florida
Monumento al Campesino
Llano de Zonzamas
Casas de Pereyra
El Islote
LZ34
Montaña Juan Bello
386
Monte Mina
444
San Bartolomé
328
César M
La Cueva
Museo Tanit
(277)
Montaña de Zonzamas
465
417
Museo del Vino
Monte Guatisea
Masdache
541
LZ35
Testeina
LZ503
436
Montaña Blanca
596
Ermita de la Magdalena
LZ20
Argana Alta
LZ301
Montaña Blanca
Argana Baja
Conil
Güime
Los Roferos
LZ501
LZ301
Tias
El Guardia de Abajo
Puerto del Carmen
LZ 2
Aeropuerto
Playa Honda
El Loro Verde
Playa de Cable
Tias
Aeropuerto de Lanzarote
Playa Honda
Playa del Cable
ISLOT DE
Matechuelos
Playa de Guasimeta
RAC
LZ505
LZ40
Urbanización Los Pocillos
Punta Montañosa
Playa de Matagorda
San Antonio
Puerto del Carmen
Playa de los Pocillos
Peña del Burro
Playa Blanca
115
El Barranquillo
Gran Canaria

D
E
F
109
1
2
3
4
5
6
Peñas del Chache
671
Ermita de las Nieves
17
LZ10
LZ1
Risco de las Nieves
487
El Cangrejo
Mala
Playa del Seifio
Peña del Silvo
394
Los Arrabales
Los Valles
Ermita
Risco
21
Parque Eolico
Charco del Palo
Jardín de Cactus
Urb. ANAC
Guatiza
LZ405
Ermita de San Sebastián
El Mojón
(260)
Urbanización Los Cocoteros
323
Tinamala
LZ405
Playa del Tío Joaquín
LZ1
Las Honduras
Las Mesetas
Punta de Tierra Negra
235
Montaña Corona
321
El Rostro
Punta de la Corvina
El Charco
8
Costa Teguise
Playa de las Cucharas
Punta de Tope
Playa Bastián
Las Caletas
LZ14
Punta de Lomo Gordo
Punta Grande
Playa de la Arena
Cast. de San José
ISLA DE CRUCES
Cádiz 37h
San Gabriel
de la Lagarta
2km

A
110
B
C
1
2
3
4
5
6
Baja de la Piedra Dorada
Playa del Cochino
El Volc
Parq
de Timanfaya
Los Cangrejos
Playa del Paso
Punta del Jurado
Juán Perdomo
El Golfo
El Golfo
Islote de la Vega
LZ704
Vo
2
72
226
5
3,5
LZ703
Montaña de la Vieja Gabriela
Playa de Montaña Bermeja
Los Hervideros
Salinas de Janubio
LZ701
4
2
1,5
Las Hoyas
Punta del Volcán
La Hondura
0,5
5
Laguna de Janubio
Playa de Janubio
1,5
0,5
1,5
Atalaya de
608
LZ703
4
Punta Gorda
Las Breñas
1
Cortijo de la Mareta
LZ701
19
Punta Piedra Alta
Casas de Masión
2
LZ2
6,5
8
El Rubicón
Punta Gorda
Punta Ginés
El Terminillo
4
561
Hacha Gra
5
2
4
El Veril Atravesado
Montaña Baja
Montaña Roja
194
2
Cortijo de la Punta
Playa Blanca
1
1,5
1
2
El Berrugo
San Ma del Ru
Castillo de las Coloradas
Punta de Pechiguera
Punta Limones
Punta del Aguila
Playas de Papagayo
El Papagayo
Fuerteventura 1/2h
Playa
Punta del

D
E
F
111
La Vegueta
Tinguaton
Centro de Visitantes
Caldera Blanca
LZ67
LZ58
LZ56
de Los
Volcanes
El Diablo
Los Miraderos
Pico Partido
Caldera Colorada
Casas de Pereyra
Montaña Juan Bello
de Hilario
Fuego
del Fuego
manfaya
Montaña Negra
Masdache
Testeina
LZ503
Montaña Diama
Vegas de Tegoyo
Ermita de la Magdalena
Montaña Chapderos
La Geria
Conil
El Tablero
LZ30
La Asomada
Guardilama
Tegoyo
LZ501
Tias
LZ502
Uga
La Vegueta
Tinasoria
Macher
Matechuelos
El Mesón
LZ2
LZ504
LZ505
LZ40
Las Casitas de Femés
Cortijos Viejos
Los Mojones
Puerto del Carmen
San Antonio
LZ706
Pico Naos
Puerto Calero
Punta de Cagafrecho
Playa Blanca
Playa Quemada
Playa de la Arena
Bahia de Ávila
OCÉANO
ATLÁNTICO
Punta Gorda
2km

anzeige

total relaxed in den urlaub: übung für fortgeschrittene

1. schliessen sie die augen und denken sie intensiv an das wunderbare wort „ferienmietwagen zum alles inklusive preise“. stellen sie sich viele extras vor, die bei holiday autos alle im preis inbegriffen sind:

- unbegrenzte kilometer
- haftpflichtversicherung mit min. 1,5 mio €uro deckungssumme (usa: 1,1 mio €uro)
- vollkaskoversicherung ohne selbstbeteiligung
- kfz-diebstahlversicherung ohne selbstbeteiligung
- alle lokalen steuern
- flughafenbereitstellung
- flughafengebühren

2. atmen sie tief ein und lassen sie vor ihrem inneren auge die zahlreichen auszeichnungen vorbeiziehen, die holiday autos in den letzten jahren erhalten hat.

   sie buchen ja nicht irgendwo.

3. nehmen sie ganz ruhig den hörer, wählen sie die telefonnummer **0180 5 17 91 91** **(12cent/min)**, surfen sie zu **www.holidayautos.com** oder fragen sie in ihrem reisebüro nach den topangeboten von holiday autos!

kein urlaub ohne

holiday autos

MARCO POLO

Für Ihre nächste Reise gibt es folgende Titel:

eutschland
Allgäu
Amrum/Föhr
Bayerischer Wald
Berlin
Bodensee
Chiemgau/ Berchtesgaden
Dresden/ Sächsische Schweiz
Düsseldorf
Eifel
Erzgebirge/ Vogtland
Franken
Frankfurt
Hamburg
Harz
Heidelberg
Köln
Lausitz/Spreewald/ Zittauer Gebirge
Leipzig
Lüneburger Heide/ Wendland
Mark Brandenburg
Mecklenburgische Seenplatte
Mosel
München
Nordseeküste Schleswig-Holstein
Oberbayern
Ostfriesische Inseln
Ostfriesland Nordseeküste Niedersachsen
Ostseeküste Mecklenburg-Vorpommern
Ostseeküste Schleswig-Holstein
Pfalz
Potsdam
Rügen
Ruhrgebiet
Schwäbische Alb
Schwarzwald
Stuttgart
Sylt
Thüringen
Usedom
Weimar

sterreich Schweiz
Berner Oberland/ Bern
Kärnten
Österreich
Salzburger Land
Schweiz
Tessin
Tirol
Wien
Zürich

Frankreich
Bretagne
Burgund
Côte d'Azur
Disneyland Paris
Elsass
Frankreich
Französische Atlantikküste
Korsika
Languedoc/ Roussillon
Loire-Tal
Normandie
Paris
Provence

Italien Malta
Apulien
Capri
Dolomiten
Elba/Toskanischer Archipel
Emilia-Romagna
Florenz
Gardasee
Golf von Neapel
Ischia
Italien
Italienische Adria
Italien Nord
Italien Süd
Kalabrien
Ligurien
Mailand/ Lombardei
Malta
Oberitalienische Seen
Piemont/Turin
Rom
Sardinien
Sizilien
Südtirol
Toskana
Umbrien
Venedig
Venetien/Friaul

Spanien Portugal
Algarve
Andalusien
Barcelona
Costa Blanca
Costa Brava
Costa del Sol/ Granada
Fuerteventura
Gran Canaria
Ibiza/Formentera
Jakobsweg/ Spanien
La Gomera/ El Hierro
Lanzarote
La Palma
Lissabon
Madeira
Madrid
Mallorca
Menorca
Portugal
Spanien
Teneriffa

Nordeuropa
Bornholm
Dänemark
Finnland
Island
Kopenhagen
Norwegen
Schweden
Südschweden/ Stockholm

Westeuropa Benelux
Amsterdam
Brüssel
England
Flandern
Irland
Kanalinseln
London
Luxemburg
Niederlande
Niederländische Küste
Schottland
Südengland

Osteuropa
Baltikum
Budapest
Kaliningrader Gebiet
Litauen/Kurische Nehrung
Masurische Seen
Moskau
Plattensee
Polen
Prag
Riesengebirge
Rumänien
Russland
Slowakei
St. Petersburg
Tschechien
Ungarn

Südosteuropa
Bulgarien
Bulgarische Schwarz-meerküste
Kroatische Küste/ Dalmatien
Kroatische Küste/ Istrien/Kvarner
Slowenien

Griechenland Türkei
Athen
Chalkidiki
Griechenland Festland
Griechische Inseln/Ägäis
Istanbul
Korfu
Kos
Kreta
Peloponnes
Rhodos
Samos
Santorin
Türkei
Türkische Südküste
Türkische Westküste
Zakinthos
Zypern

Nordamerika
Alaska
Chicago und die Großen Seen
Florida
Hawaii
Kalifornien
Kanada
Kanada Ost
Kanada West
Las Vegas
Los Angeles
New York
San Francisco
USA
USA Neuengland/ Long Island
USA Ost
USA Südstaaten
USA Südwest
USA West
Washington D.C.

Mittel- und Südamerika
Argentinien
Brasilien
Chile
Costa Rica
Dominikanische Republik
Jamaika
Karibik/ Große Antillen
Karibik/ Kleine Antillen
Kuba
Mexiko
Peru/Bolivien
Venezuela
Yucatán

Afrika Vorderer Orient
Ägypten
Djerba/ Südtunesien
Dubai/Emirate/Oman
Israel
Jemen
Jerusalem
Jordanien
Kenia
Marokko
Namibia
Südafrika
Syrien
Tunesien

Asien
Bali/Lombok
Bangkok
China
Hongkong/Macau
Indien
Japan
Ko Samui/Ko Phangan
Malaysia
Nepal
Peking
Philippinen
Phuket
Rajasthan
Shanghai
Singapur
Sri Lanka
Thailand
Tokio
Vietnam

Indischer Ozean Pazifik
Australien
Hawaii
Malediven
Mauritius
Neuseeland
Seychellen
Südsee

Cityguides
Berlin für Berliner
Frankfurt für Frankfurter
München für Münchner
Stuttgart für Stuttgarter

Sprachführer
Arabisch
Englisch
Französisch
Griechisch
Italienisch
Kroatisch
Niederländisch
Norwegisch
Polnisch
Portugiesisch
Russisch
Schwedisch
Spanisch
Tschechisch
Türkisch
Ungarisch

Im Register sind alle in diesem Führer erwähnten Orte, Ausflugsziele, wichtige Sachbegriffe und Personen verzeichnet. Halbfette Seitenzahlen verweisen auf den Haupteintrag, kursive auf ein Foto.

Schreiben Sie uns!

Liebe Leserin, lieber Leser,

wir setzen alles daran, Ihnen möglichst aktuelle Informationen mit auf die Reise zu geben. Dennoch schleichen sich manchmal Fehler ein – trotz gründlicher Recherche unserer Autoren/innen. Sie haben sicherlich Verständnis, dass der Verlag dafür keine Haftung übernehmen kann. Wir freuen uns aber, wenn Sie uns schreiben.

Senden Sie Ihre Post an die Marco Polo Redaktion,
Mairs Geographischer Verlag, Postfach 31 51, 73751 Ostfildern,
marcopolo@mairs.de

Impressum

Titelbild: In den Feuerbergen (Schapowalow: Nebe)
Fotos: O. Baumli (59, 64, 78); W. Dieterich (10); HB Verlag (4, 7, 9, 18, 76, 82, 84, 94); O. Heinze (69); G. Jung (20); R. Jung (U M., 5 o., 15, 46, 63); K. Kallabis (41); M. Kettel (2 u., 6, 53, 56); Konow (89); Kühn (24); laif: Kristensen (U r.), Zanettini (U l., 21, 86, 93); D. Renckhoff (25, 26, 28, 72); Schapowalow: Nebe (105); Schuster: Schmied (70); M. Strobel (30, 36, 51); W. Taschner (16); M. Thomas (5 u., 12, 22, 34); Transglobe: Mollenhauer (66), Roth (52); H. Wagner (27); E. Wrba (1, 2 o., 35, 42, 49, 80, 88, 90)

4. (12.), aktualisierte Auflage 2005 © Mairs Geographischer Verlag, Ostfildern
Herausgeber: Ferdinand Ranft, Chefredakteurin: Marion Zorn
Redaktion: Christina Sothmann, Beatrix Müller-Kapuscinski, Bildredakteurin: Gabriele Forst
Kartografie Reiseatlas: © Mairs Geographischer Verlag/Falk Verlag, Ostfildern
Gestaltung: red.sign, Stuttgart
Sprachführer: in Zusammenarbeit mit Ernst Klett Sprachen GmbH, Stuttgart, Redaktion PONS Wörterbücher

Printed in Germany. Gedruckt auf 100% chlorfrei gebleichtem Papier

Bloß nicht!

Von Nepp bis Nippes – nützliche Tipps, um sich Ärger zu ersparen

Auf Fälschungen hereinfallen
Kaufen Sie Uhren, elektronisches Gerät und Markenkleidung nur in Kaufhäusern. Schnäppchen auf Basaren und Flohmärkten sind immer Fälschungen. Das gilt dort meist auch für »echt kanarische« Produkte. »Ebenholzelefanten« und andere afrikanische Schnitzwerke sind nur gepinseltes Hartholz.

Getrennt zahlen
Wer nach gemeinsamem Restaurant- oder Kneipenbesuch »bitte getrennt zahlen!« möchte, erntet auf den Kanaren Unverständnis. Machen Sie es wie die Insulaner: Heute zahlen Sie, morgen Ihre Freunde.

In der Wintersonne braten
Das größte Gesundheitsrisiko ist die hohe Sonneneinstrahlung – auch im Winter. Doch die hellhäutigen, entwöhnten Gäste aus dem Norden unterschätzen gerade die Wintersonne oft. Eine Sonnencreme mit hohem Lichtschutzfaktor ist unabdingbar. Kinder sollten besser bekleidet sein. Wichtig ist auch eine gute Kopfbedeckung, die den Nacken beschattet.

Bei Werbefahrten draufzahlen
Kostenlose Inselrundfahrten mit Einladung zu Kaffee und Kuchen werden genutzt, um bei einer kleinen Infoshow überteuerte, minderwertige Waren zu verhökern. Reguläre Bustouren sind letztendlich billiger.

Zu viel nackte Haut zeigen
Ohne Hemd im Café zu sitzen oder halbnackt durch Geschäfte zu schlendern wäre nicht nur kein erbaulicher Anblick, sondern auch Missachtung kanarischer Sitten. Kleiden Sie sich daher bitte angemessen.

Den Time-Sharing-Haien glauben
Der Traum: ein zweites Zuhause auf Lanzarote. Die Idee: wohnen auf Zeit. Sie erwerben einen Eigentumsanteil und Nutzungsrecht für eine bestimmte Zeit im Jahr. Doch Vorsicht: Das Modell rechnet sich nur für den Verkäufer. Ihnen wird das überteuerte Apartment schnell zum Klotz am Bein.

Alternative Briefmarken kaufen
Private Anbieter verkaufen Marken, ohne den Kunden zu erklären, dass diese nur gelten, wenn mit ihnen frankierte Urlaubspost in spezielle Briefkästen geworfen wird. Findet die Post die Briefe in ihren gelben Kästen, wirft sie sie weg. Lassen Sie die Finger davon und gehen Sie direkt zur Post.